PREFACIO

La colección de guías de conversación para viajar "Todo irá bien" publicada por T&P Books está diseñada para personas que viajan al extranjero para turismo y negocios. Las guías contienen lo más importante - los elementos esenciales para una comunicación básica.Éste es un conjunto de frases imprescindibles para "sobrevivir" mientras está en el extranjero.

Esta guía de conversación le ayudará en la mayoría de los casos donde usted necesite pedir algo, conseguir direcciones, saber cuánto cuesta algo, etc. Puede también resolver situaciones difíciles de la comunicación donde los gestos no pueden ayudar.

Este libro contiene una gran cantidad de frases que han sido agrupadas según los temas más relevantes. Esta edición también incluye un pequeño vocabulario que contiene alrededor de 3.000 de las palabras más frecuentemente usadas.Otra sección de la guía proporciona un glosario gastronómico que le puede ayudar a pedir los alimentos en un restaurante o a comprar comestibles en la tienda.

Llévese la guía de conversación "Todo irá bien" en el camino y tendrá una insustituible compañera de viaje que le ayudará a salir de cualquier situación y le enseñará a no temer hablar con extranjeros.

TABLA DE CONTENIDOS

T&P Books Publishing

T&P Books Publishing

GUÍA DE CONVERSACIÓN

— CHECO —

Andrey Taranov

LAS PALABRAS Y LAS FRASES MÁS ÚTILES

Esta Guía de Conversación
contiene las frases y las
preguntas más comunes
necesitadas para una
comunicación básica
con extranjeros

T&P BOOKS

Guía de conversación + diccionario de 3000 palabras

Guía de conversación Español-Checo y vocabulario temático de 3000 palabras

por Andrey Taranov

La colección de guías de conversación para viajar "Todo irá bien" publicada por T&P Books está diseñada para personas que viajan al extranjero para turismo y negocios. Las guías contienen lo más importante - los elementos esenciales para una comunicación básica. Éste es un conjunto de frases imprescindibles para "sobrevivir" mientras está en el extranjero.

Este libro también incluye un pequeño vocabulario temático que contiene alrededor de 3.000 de las palabras más frecuentemente usadas. Otra sección de la guía proporciona un glosario gastronómico que le puede ayudar a pedir los alimentos en un restaurante o a comprar comestibles en la tienda.

T&P Books Publishing
www.tpbooks.com

ISBN: 978-1-78492-660-1

Este libro está disponible en formato electrónico o de E-Book también.
Visite www.tpbooks.com o las librerías electrónicas más destacadas en la Red.

PRONUNCIACIÓN

T&P alfabeto fonético	Ejemplo checo	Ejemplo español
[a]	lavina [lavɪna]	radio
[aː]	banán [banaːn]	contraataque
[e]	beseda [bɛsɛda]	verano
[ɛː]	chléb [xlɛːp]	cuarenta
[ɪ]	Bible [bɪblɛ]	abismo
[iː]	chudý [xudiː]	destino
[o]	epocha [ɛpoxa]	bordado
[oː]	diagnóza [dɪagnoːza]	domicilio
[u]	dokument [dokumɛnt]	mundo
[uː]	chůva [xuːva]	jugador
[b]	babička [babɪtʃka]	en barco
[ʦ]	celnice [ʦɛlnɪʦɛ]	tsunami
[ʧ]	vlčák [vlʧaːk]	mapache
[x]	archeologie [arxɛologɪe]	reloj
[d]	delfín [dɛlfiːn]	desierto
[dʲ]	Holanďan [holandʲan]	diente
[f]	atmosféra [atmosfɛːra]	golf
[g]	galaxie [galaksɪe]	jugada
[h]	knihovna [knɪhovna]	coger
[j]	jídlo [jiːdlo]	asiento
[k]	zaplakat [zaplakat]	charco
[l]	chlapec [xlapɛʦ]	lira
[m]	modelář [modɛlaːrʃ]	nombre
[n]	imunita [ɪmunɪta]	número
[nʲ]	báseň [baːsɛnʲ]	leña
[ŋk]	vstupenka [vstupɛŋka]	banco
[p]	poločas [poloʧas]	precio
[r]	senátor [sɛnaːtor]	era, alfombra
[rʒ], [rʃ]	bouřka [bourʃka]	flash, inglés please
[s]	svoboda [svoboda]	salva
[ʃ]	šiška [ʃɪʃka]	shopping
[t]	turista [turɪsta]	torre
[tʲ]	poušť [pouʃtʲ]	bestia
[v]	veverka [vɛvɛrka]	travieso
[z]	zapomínat [zapomiːnat]	desde
[ʒ]	ložisko [loʒɪsko]	adyacente

LISTA DE ABREVIATURAS

Abreviatura en español

adj	-	adjetivo
adv	-	adverbio
anim.	-	animado
conj	-	conjunción
etc.	-	etcétera
f	-	sustantivo femenino
f pl	-	femenino plural
fam.	-	uso familiar
fem.	-	femenino
form.	-	uso formal
inanim.	-	inanimado
innum.	-	innumerable
m	-	sustantivo masculino
m pl	-	masculino plural
m, f	-	masculino, femenino
masc.	-	masculino
mat	-	matemáticas
mil.	-	militar
num.	-	numerable
p.ej.	-	por ejemplo
pl	-	plural
pron	-	pronombre
sg	-	singular
v aux	-	verbo auxiliar
vi	-	verbo intransitivo
vi, vt	-	verbo intransitivo, verbo transitivo
vr	-	verbo reflexivo
vt	-	verbo transitivo

Abreviatura en checo

ž	-	sustantivo femenino
ž mn	-	femenino plural
m	-	sustantivo masculino
m mn	-	masculino plural
m, ž	-	masculino, femenino

mn	-	plural
s	-	neutro
s mn	-	género neutro plural

T&P BOOKS

GUÍA DE
CONVERSACIÓN
CHECO

Esta sección contiene frases
importantes que pueden
resultar útiles en varias
situaciones de la vida real.
La Guía le ayudará a pedir
direcciones, aclaración
sobre precio, comprar billetes,
y pedir alimentos en un
restaurante

T&P Books Publishing

CONTENIDO DE LA GUÍA DE CONVERSACIÓN

T&P Books Publishing

Perdone, ...	**Promiňte, ...** [promɪnˈtɛ, ...]
Hola.	**Dobrý den.** [dobri: dɛn]
Gracias.	**Děkuji.** [dekujɪ]

Sí.	**Ano.** [ano]
No.	**Ne.** [nɛ]
No lo sé.	**Nevím.** [nɛvi:m]
¿Dónde? | ¿A dónde? | ¿Cuándo?	**Kde? | Kam? | Kdy?** [gdɛ? | kam? | gdɪ?]

Necesito ...	**Potřebuju ...** [potrʒɛbuju ...]
Quiero ...	**Chci ...** [xtsɪ ...]
¿Tiene ...?	**Máte ...?** [ma:tɛ ...?]
¿Hay ... por aquí?	**Je tady ...?** [jɛ tadɪ ...?]
¿Puedo ...?	**Můžu ...?** [mu:ʒu ...?]
..., por favor? (petición educada)	**..., prosím** [..., prosi:m]

Busco ...	**Hledám ...** [hlɛda:m ...]
el servicio	**toaletu** [toalɛtu]
un cajero automático	**bankomat** [baŋkomat]
una farmacia	**lékárnu** [lɛ:ka:rnu]
el hospital	**nemocnici** [nɛmotsnɪtsɪ]

la comisaría	**policejní stanici** [polɪtsɛjni: stanɪtsɪ]
el metro	**metro** [mɛtro]

un taxi	**taxík**
	[taksi:k]
la estación de tren	**vlakové nádraží**
	[vlakovɛ na:draʒi:]

Me llamo …	**Jmenuju se …**
	[jmɛnuju sɛ …]
¿Cómo se llama?	**Jak se jmenujete?**
	[jak sɛ jmɛnujɛtɛ?]
¿Puede ayudarme, por favor?	**Můžete mi prosím pomoct?**
	[mu:ʒetɛ mɪ prosi:m pomotst?]
Tengo un problema.	**Mám problém.**
	[ma:m problɛ:m]
Me encuentro mal.	**Necítím se dobře.**
	[nɛtsi:ti:m sɛ dobrʒɛ]
¡Llame a una ambulancia!	**Zavolejte sanitku!**
	[zavolɛjtɛ sanɪtku!]
¿Puedo llamar, por favor?	**Můžu si zavolat?**
	[mu:ʒu sɪ zavolat?]

Lo siento.	**Omlouvám se.**
	[omlouva:m sɛ]
De nada.	**Není zač.**
	[nɛni: zatʃ]

Yo	**Já**
	[ja:]
tú	**ty**
	[tɪ]
él	**on**
	[on]
ella	**ona**
	[ona]
ellos	**oni**
	[onɪ]
ellas	**ony**
	[onɪ]
nosotros /nosotras/	**my**
	[mɪ]
ustedes, vosotros	**vy**
	[vɪ]
usted	**vy**
	[vɪ]

ENTRADA	**VCHOD**
	[vxot]
SALIDA	**VÝCHOD**
	[vi:xot]
FUERA DE SERVICIO	**MIMO PROVOZ**
	[mɪmo provos]
CERRADO	**ZAVŘENO**
	[zavrʒeno]

ABIERTO **OTEVŘENO**
[otɛvrʒɛno]

PARA SEÑORAS **ŽENY**
[ʒɛnɪ]

PARA CABALLEROS **MUŽI**
[muʒɪ]

Preguntas

¿Dónde?	**Kde?** [gdɛ?]
¿A dónde?	**Kam?** [kam?]
¿De dónde?	**Odkud?** [otkut?]
¿Por qué?	**Proč?** [protʃ?]
¿Con que razón?	**Z jakého důvodu?** [z jakɛ:ho du:vodu?]
¿Cuándo?	**Kde?** [gdɛ?]

¿Cuánto tiempo?	**Jak dlouho?** [jak dlouho?]
¿A qué hora?	**V kolik hodin?** [v kolɪk hodɪn?]
¿Cuánto?	**Kolik?** [kolɪk?]
¿Tiene ...?	**Máte ...?** [ma:tɛ ...?]
¿Dónde está ...?	**Kde je ...?** [gdɛ jɛ ...?]

¿Qué hora es?	**Kolik je hodin?** [kolɪk jɛ hodɪn?]
¿Puedo llamar, por favor?	**Můžu si zavolat?** [mu:ʒu sɪ zavolat?]
¿Quién es?	**Kdo je tam?** [gdo jɛ tam?]
¿Se puede fumar aquí?	**Můžu tady kouřit?** [mu:ʒu tadɪ kourʒɪt?]
¿Puedo ...?	**Můžu ...?** [mu:ʒu ...?]

Necesidades

Quisiera …	**Rád /Ráda/ bych …** [ra:d /ra:da/ bɪx …]
No quiero …	**Nechci …** [nɛxtsɪ …]
Tengo sed.	**Mám žízeň.** [ma:m ʒi:zɛnʲ]
Tengo sueño.	**Chce se mi spát.** [xtsɛ sɛ mɪ spa:t]
Quiero …	**Chci …** [xtsɪ …]
lavarme	**se umýt** [sɛ umi:t]
cepillarme los dientes	**si vyčistit zuby** [sɪ vɪtʃɪstɪt zubɪ]
descansar un momento	**si chvilku odpočinout** [sɪ xvɪlku otpotʃɪnout]
cambiarme de ropa	**se převléknout** [sɛ prʒɛvlɛ:knout]
volver al hotel	**se vrátit do hotelu** [sɛ vra:tɪt do hotɛlu]
comprar …	**si koupit …** [sɪ koupɪt …]
ir a …	**jít do …** [ji:t do …]
visitar …	**navštívit …** [navʃti:vɪt …]
quedar con …	**se setkat s …** [sɛ sɛtkat s …]
hacer una llamada	**si zavolat** [sɪ zavolat]
Estoy cansado /cansada/.	**Jsem unavený /unavená/.** [jsɛm unavɛni: /unavɛna:/]
Estamos cansados /cansadas/.	**Jsme unaveni /unaveny/.** [jsmɛ unavɛni: /unavɛnɪ/]
Tengo frío.	**Je mi zima.** [jɛ mɪ zɪma]
Tengo calor.	**Je mi horko.** [jɛ mɪ horko]
Estoy bien.	**Jsem v pořádku.** [jsɛm v porʒa:tku]

Tengo que hacer una llamada.

Necesito ir al servicio.

Me tengo que ir.

Me tengo que ir ahora.

Potřebuju si zavolat.
[potrʒɛbuju sɪ zavolat]

Potřebuju jít na toaletu.
[potrʒɛbuju ji:t na toalɛtu]

Musím už jít.
[musi:m uʒ ji:t]

Teď už musím jít.
[tɛtʲ uʒ musi:m ji:t]

Preguntar por direcciones

Perdone, ...	**Promiňte, ...** [promɪnʲtɛ, ...]
¿Dónde está ...?	**Kde je ...?** [gdɛ jɛ ...?]
¿Por dónde está ...?	**Kudy ...?** [kudɪ ...?]
¿Puede ayudarme, por favor?	**Můžete mi prosím pomoct?** [muːʒetɛ mɪ prosiːm pomotst?]

Busco ...	**Hledám ...** [hlɛdaːm ...]
Busco la salida.	**Hledám východ.** [hlɛdaːm viːxot]
Voy a ...	**Jdu ...** [jdu ...]
¿Voy bien por aquí para ...?	**Jdu správným směrem do ...?** [jdu spraːvniːm smnerɛm do ...?]

¿Está lejos?	**Je to daleko?** [jɛ to dalɛko?]
¿Puedo llegar a pie?	**Dostanu se tam pěšky?** [dostanu sɛ tam peʃkɪ?]
¿Puede mostrarme en el mapa?	**Můžete mi to ukázat na mapě?** [muːʒetɛ mɪ to ukaːzat na mape?]
Por favor muestreme dónde estamos.	**Ukažte mi, kde právě teď jsme.** [ukaʃtɛ mɪ, gdɛ praːve tɛdʲ jsmɛ]

Aquí	**Tady** [tadɪ]
Allí	**Tam** [tam]
Por aquí	**Tudy** [tudɪ]

Gire a la derecha.	**Odbočte doprava.** [odbotʃtɛ doprava]
Gire a la izquierda.	**Odbočte doleva.** [odbotʃtɛ dolɛva]
la primera (segunda, tercera) calle	**první (druhá, třetí) odbočka** [prvni: (druha:, trʒɛti:) odbotʃka]
a la derecha	**doprava** [doprava]

a la izquierda

doleva
[dolɛva]

Siga recto.

Jděte stále rovně.
[jdetɛ sta:lɛ rovne]

Carteles

¡BIENVENIDO!	**VÍTEJTE!** [viːtɛjtɛ!]
ENTRADA	**VCHOD** [vxot]
SALIDA	**VÝCHOD** [viːxot]
EMPUJAR	**TLAČIT** [tlatʃɪt]
TIRAR	**TÁHNOUT** [taːhnout]
ABIERTO	**OTEVŘENO** [otɛvrʒɛno]
CERRADO	**ZAVŘENO** [zavrʒɛno]
PARA SEÑORAS	**ŽENY** [ʒɛnɪ]
PARA CABALLEROS	**MUŽI** [muʒɪ]
CABALLEROS	**PÁNI** [paːnɪ]
SEÑORAS	**DÁMY** [daːmɪ]
REBAJAS	**VÝPRODEJ** [viːprodɛj]
VENTA	**VÝPRODEJ** [viːprodɛj]
GRATIS	**ZDARMA** [zdarma]
¡NUEVO!	**NOVINKA!** [novɪŋka!]
ATENCIÓN	**POZOR!** [pozor!]
COMPLETO	**PLNĚ OBSAZENO** [plne opsazɛno]
RESERVADO	**REZERVACE** [rɛzɛrvatsɛ]
ADMINISTRACIÓN	**VEDENÍ** [vɛdɛniː]
SÓLO PERSONAL AUTORIZADO	**VSTUP JEN PRO ZAMĚSTNANCE** [vstup jɛn pro zamnestnantsɛ]

CUIDADO CON EL PERRO	**POZOR PES!** [puzui pɛʃ!]
NO FUMAR	**ZÁKAZ KOUŘENÍ** [za:kaz kourʒeni:]
NO TOCAR	**NEDOTÝKEJTE SE** [nɛdoti:kɛjtɛ sɛ]
PELIGROSO	**ŽIVOTU NEBEZPEČNÉ** [ʒɪvotu nɛbɛzpɛtʃnɛ:]
PELIGRO	**NEBEZPEČNÉ** [nɛbɛspɛtʃnɛ:]
ALTA TENSIÓN	**VYSOKÉ NAPĚTÍ** [vɪsokɛ: napeti:]
PROHIBIDO BAÑARSE	**ZÁKAZ KOUPÁNÍ** [za:kaz koupa:ni:]
FUERA DE SERVICIO	**MIMO PROVOZ** [mɪmo provos]
INFLAMABLE	**HOŘLAVÉ** [horʒlavɛ:]
PROHIBIDO	**ZAKÁZÁNO** [zaka:za:no]
PROHIBIDO EL PASO	**ZÁKAZ VSTUPU** [za:kaz vstupu]
RECIÉN PINTADO	**ČERSTVĚ NATŘENO** [tʃerstve natrʃeno]
CERRADO POR RENOVACIÓN	**UZAVŘENO Z DŮVODU REKONSTRUKCE** [uzavrʒeno z du:vodu rɛkonstruktsɛ]
EN OBRAS	**PRÁCE NA SILNICI** [pra:tsɛ na sɪlnɪtsɪ]
DESVÍO	**OBJÍŽĎKA** [obji:ʒtʲka]

Transporte. Frases generales

el avión	**letadlo** [lɛtadlo]
el tren	**vlak** [vlak]
el bus	**autobus** [autobus]
el ferry	**trajekt** [trajɛkt]
el taxi	**taxík** [taksi:k]
el coche	**auto** [auto]

el horario	**jízdní řád** [ji:zdni: rʒa:t]
¿Dónde puedo ver el horario?	**Kde se můžu podívat na jízdní řád?** [gdɛ sɛ mu:ʒu podi:vat na ji:zdni: rʒa:t?]
días laborables	**pracovní dny** [pratsovni: dnɪ]
fines de semana	**víkendy** [vi:kɛndɪ]
días festivos	**prázdniny** [pra:zdnɪnɪ]

SALIDA	**ODJEZD** [odjɛst]
LLEGADA	**PŘÍJEZD** [prʃi:jɛst]
RETRASADO	**ZPOŽDĚNÍ** [zpoʒdeni:]
CANCELADO	**ZRUŠENO** [zruʃɛno]

siguiente (tren, etc.)	**příští** [prʃi:ʃti:]
primero	**první** [prvni:]
último	**poslední** [poslɛdni:]

¿Cuándo pasa el siguiente …?	**Kdy jede příští …?** [gdɪ jɛdɛ prʒi:ʃti: …?]
¿Cuándo pasa el primer …?	**Kdy jede první …?** [gdɪ jɛdɛ prvni: …?]

¿Cuándo pasa el último …?

Kdy jede poslední …?
[gdɪ jɛdɛ poslɛdni: …?]

el trasbordo (cambio de trenes, etc.)

přestup
[prʃɛstup]

hacer un trasbordo

přestoupit
[prʃɛstoupɪt]

¿Tengo que hacer un trasbordo?

Musím přestupovat?
[musi:m prʃɛstupovat?]

Comprar billetes

¿Dónde puedo comprar un billete?	**Kde si mohu koupit jízdenky?** [gdɛ sɪ mohu koupɪt jiːzdɛŋkɪ?]
el billete	**jízdenka** [jiːzdɛŋka]
comprar un billete	**koupit si jízdenku** [koupɪt sɪ jiːzdɛŋku]
precio del billete	**cena jízdenky** [tsɛna jiːzdɛŋkɪ]

¿Para dónde?	**Kam?** [kam?]
¿A qué estación?	**Do jaké stanice?** [do jakɛ: stanɪtsɛ?]
Necesito ...	**Potřebuju ...** [potrʒɛbuju ...]
un billete	**jednu jízdenku** [jɛdnu jiːzdɛŋku]
dos billetes	**dvě jízdenky** [dve jiːzdɛŋkɪ]
tres billetes	**tři jízdenky** [trʒɪ jiːzdɛŋkɪ]

sólo ida	**jízdenka jedním směrem** [jiːzdɛŋka jɛdniːm smnerɛm]
ida y vuelta	**zpáteční jízdenka** [zpaːtɛtʃniː jiːzdɛŋka]
en primera (primera clase)	**první třída** [prvniː trʒiːda]
en segunda (segunda clase)	**druhá třída** [druhaː trʒiːda]

hoy	**dnes** [dnɛs]
mañana	**zítra** [ziːtra]
pasado mañana	**pozítří** [poziːtrʃiː]
por la mañana	**dopoledne** [dopolɛdnɛ]
por la tarde	**odpoledne** [otpolɛdnɛ]
por la noche	**večer** [vɛtʃɛr]

asiento de pasillo

sedadlo u uličky
[sɛdadlo u ulɪtʃkɪ]

asiento de ventanilla

sedadlo u okna
[sɛdadlo u okna]

¿Cuánto cuesta?

Kolik?
[kolɪk?]

¿Puedo pagar con tarjeta?

Můžu platit kreditní kartou?
[muːʒu platɪt krɛdɪtniː kartoʊ?]

Autobús

el autobús	**autobus** [autobus]
el autobús interurbano	**meziměstský autobus** [mɛzɪmnestski: autobus]
la parada de autobús	**autobusová zastávka** [autobusova: zasta:fka]
¿Dónde está la parada de autobuses más cercana?	**Kde je nejbližší autobusová zastávka?** [gdɛ jɛ nɛjblɪʒʃi: autobusova: zasta:fka?]

número	**číslo** [tʃi:slo]
¿Qué autobús tengo que tomar para ...?	**Jakým autobusem se dostanu do ...?** [jaki:m autobusɛm sɛ dostanu do ...?]
¿Este autobús va a ...?	**Jede tento autobus do ...?** [jɛdɛ tɛnto autobus do ...?]
¿Cada cuanto pasa el autobús?	**Jak často jezdí tento autobus?** [jak tʃasto jɛzdi: tɛnto autobus?]

cada 15 minutos	**každých patnáct minut** [kaʒdi:x patna:tst mɪnut]
cada media hora	**každou půlhodinu** [kaʒdou pu:lhodɪnu]
cada hora	**každou hodinu** [kaʒdou hodɪnu]
varias veces al día	**několikrát za den** [nekolɪkra:t za dɛn]
... veces al día	**... krát za den** [... kra:t za dɛn]

el horario	**jízdní řád** [ji:zdni: rʒa:t]
¿Dónde puedo ver el horario?	**Kde se můžu podívat na jízdní řád?** [gdɛ sɛ mu:ʒu podi:vat na ji:zdni: rʒa:t?]
¿Cuándo pasa el siguiente autobús?	**Kdy jede příští autobus?** [gdɪ jɛdɛ prʒi:ʃti: autobus?]
¿Cuándo pasa el primer autobús?	**Kdy jede první autobus?** [gdɪ jɛdɛ prvni: autobus?]
¿Cuándo pasa el último autobús?	**Kdy jede poslední autobus?** [gdɪ jɛdɛ poslɛdni: autobus?]

la parada	**zastávka** [zasta:fka]
la siguiente parada	**příští zastávka** [prʃi:ʃti: zasta:fka]

la última parada **poslední zastávka**
[poslɛdni: zasta:fka]

Pare aquí, por favor. **Zastavte tady, prosím.**
[zastaftɛ tadɪ, prosi:m]

Perdone, esta es mi parada. **Promiňte, já tady vystupuju.**
[promɪnˈtɛ, ja: tadɪ vɪstupuju]

Tren

el tren	**vlak** [vlak]
el tren de cercanías	**příměstský vlak** [prʒiːmnestskɪ vlak]
el tren de larga distancia	**dálkový vlak** [daːlkovi vlak]
la estación de tren	**vlakové nádraží** [vlakovɛ naːdraʒiː]
Perdone, ¿dónde está la salida al anden?	**Promiňte, kde je vstup na nástupiště?** [promɪnⁱtɛ, gdɛ jɛ vstup na naːstupɪʃte?]

¿Este tren va a …?	**Jede tento vlak do …?** [jɛdɛ tɛnto vlak do …?]
el siguiente tren	**příští vlak** [prʃiːʃti vlak]
¿Cuándo pasa el siguiente tren?	**Kdy jede příští vlak?** [gdɪ jɛdɛ prʒiːʃti vlak?]
¿Dónde puedo ver el horario?	**Kde se můžu podívat na jízdní řád?** [gdɛ sɛ muːʒu podiːvat na jiːzdni rʒaːt?]
¿De qué andén?	**Ze kterého nástupiště?** [zɛ ktɛrɛːho naːstupɪʃte?]
¿Cuándo llega el tren a …?	**Kdy přijede tento vlak do …?** [gdɪ prʃɪjɛdɛ tɛnto vlak do …?]

Ayudeme, por favor.	**Můžete mi prosím pomoct?** [muːʒetɛ mɪ prosiːm pomotst?]
Busco mi asiento.	**Hledám své místo.** [hlɛdaːm svɛː miːsto]
Buscamos nuestros asientos.	**Hledáme svá místa.** [hlɛdaːmɛ sva miːsta]
Mi asiento está ocupado.	**Moje místo je obsazeno.** [mojɛ miːsto jɛ opsazɛno]
Nuestros asientos están ocupados.	**Naše místa jsou obsazena.** [naʃɛ miːsta jsou opsazɛna]

Perdone, pero ese es mi asiento.	**Promiňte, ale toto je moje místo.** [promɪnⁱtɛ, alɛ toto jɛ mojɛ miːsto]
¿Está libre?	**Je toto místo volné?** [jɛ toto miːsto volnɛː?]
¿Puedo sentarme aquí?	**Můžu si zde sednout?** [muːʒu sɪ zdɛ sɛdnout?]

En el tren. Diálogo (Sin billete)

Su billete, por favor.	**Jízdenku, prosím.** [ji:zdɛŋku, prosi:m]
No tengo billete.	**Nemám jízdenku.** [nɛma:m ji:zdɛŋku]
He perdido mi billete.	**Ztratil jsem jízdenku.** [stratɪl jsɛm ji:zdɛŋku]
He olvidado mi billete en casa.	**Zapomněl svou jízdenku doma.** [zapomel svou ji:zdɛŋku doma]

Le puedo vender un billete.	**Jízdenku si můžete koupit u mě.** [ji:zdɛŋku sɪ mu:ʒɛtɛ koupɪt u mne]
También deberá pagar una multa.	**Také budete muset zaplatit pokutu.** [takɛ: budɛtɛ musɛt zaplatɪt pokutu]
Vale.	**Dobrá.** [dobra:]
¿A dónde va usted?	**Kam jedete?** [kam jɛdɛtɛ?]
Voy a ...	**Jedu do ...** [jɛdu do ...]

¿Cuánto es? No lo entiendo.	**Kolik? Nerozumím.** [kolɪk? nɛrozumi:m]
Escríbalo, por favor.	**Napište to, prosím.** [napɪʃtɛ to, prosi:m]
Vale. ¿Puedo pagar con tarjeta?	**Dobrá. Můžu platit kreditní kartou?** [dobra:. mu:ʒu platɪt krɛdɪtni: kartou?]
Sí, puede.	**Ano, můžete.** [ano, mu:ʒɛtɛ]

Aquí está su recibo.	**Tady je vaše stvrzenka.** [tadɪ jɛ vaʃɛ stvrzɛŋka]
Disculpe por la multa.	**Omlouvám se za tu pokutu.** [omlouva:m sɛ za tu pokutu]
No pasa nada. Fue culpa mía.	**To je v pořádku. Je to moje chyba.** [to jɛ v porʒa:tku. jɛ to mojɛ xɪba]
Disfrute su viaje.	**Příjemnou cestu.** [prʒi:jɛmnou tsɛstu]

Taxi

taxi	**taxík** [taksi:k]
taxista	**taxikář** [taksɪka:rʒ]
coger un taxi	**chytit si taxík** [xɪtɪt sɪ taksi:k]
parada de taxis	**stanoviště taxíků** [stanovɪʃte taksi:ku:]
¿Dónde puedo coger un taxi?	**Kde můžu sehnat taxík?** [gdɛ mu:ʒu sɛhnat taksi:k?]
llamar a un taxi	**volat taxík** [volat taksi:k]
Necesito un taxi.	**Potřebuju taxík.** [potrʒɛbuju taksi:k]
Ahora mismo.	**Hned teď.** [hnɛt tɛtʲ]
¿Cuál es su dirección?	**Jaká je vaše adresa?** [jaka: jɛ vaʃɛ adrɛsa?]
Mi dirección es ...	**Moje adresa je ...** [mojɛ adrɛsa jɛ ...]
¿Cuál es el destino?	**Váš cíl?** [va:ʃ tsi:l?]
Perdone, ...	**Promiňte, ...** [promɪnʲtɛ, ...]
¿Está libre?	**Jste volný?** [jstɛ volni:?]
¿Cuánto cuesta ir a ...?	**Kolik to stojí do ...?** [kolɪk to stoji: do ...?]
¿Sabe usted dónde está?	**Víte, kde to je?** [vi:tɛ, gdɛ to jɛ?]
Al aeropuerto, por favor.	**Na letiště, prosím.** [na lɛtɪʃte, prosi:m]
Pare aquí, por favor.	**Zastavte tady, prosím.** [zastaftɛ tadɪ, prosi:m]
No es aquí.	**To není tady.** [to nɛni: tadɪ]
La dirección no es correcta.	**To je nesprávná adresa.** [to jɛ nɛspra:vna: adrɛsa]
Gire a la izquierda.	**Zabočte doleva.** [zabotʃtɛ dolɛva]
Gire a la derecha.	**Zabočte doprava.** [zabotʃtɛ doprava]

¿Cuánto le debo?

¿Me da un recibo, por favor?

Quédese con el cambio.

Kolik vám dlužím?
[kolɪk vaːm dluʒiːm?]

Chtěl /Chtěla/ bych stvrzenku, prosím.
[xtel /xtela/ bɪx stvrzɛŋku, prosiːm]

Drobné si nechte.
[drobnɛː sɪ nɛxtɛ]

Espéreme, por favor.

cinco minutos

diez minutos

quince minutos

veinte minutos

media hora

Můžete tady na mě počkat?
[muːʒetɛ tadɪ na mne potʃkat?]

pět minut
[pet mɪnut]

deset minut
[dɛsɛt mɪnut]

patnáct minut
[patnaːtst mɪnut]

dvacet minut
[dvatsɛt mɪnut]

půl hodiny
[puːl hodɪnɪ]

Hotel

Hola.	**Dobrý den.** [dobri: dɛn]
Me llamo …	**Jmenuju se …** [jmɛnuju sɛ …]
Tengo una reserva.	**Mám tady rezervaci.** [ma:m tadɪ rɛzɛrvatsɪ]

Necesito …	**Potřebuju …** [potrʒɛbuju …]
una habitación individual	**jednolůžkový pokoj** [jɛdnolu:ʃkovi: pokoj]
una habitación doble	**dvoulůžkový pokoj** [dvoulu:ʃkovi: pokoj]
¿Cuánto cuesta?	**Kolik to stojí?** [kolɪk to stoji:?]
Es un poco caro.	**To je trochu drahé.** [to jɛ troxu drahɛ:]

¿Tiene alguna más?	**Máte nějaké další možnosti?** [ma:tɛ nejakɛ: dalʃi: moʒnostɪ?]
Me quedo.	**To si vezmu.** [to sɪ vɛzmu]
Pagaré en efectivo.	**Budu platit v hotovosti.** [budu platɪt v hotovostɪ]

Tengo un problema.	**Mám problém.** [ma:m problɛ:m]
Mi … no funciona.	**… je rozbitý /rozbitá/.** [… jɛ rozbɪti: /rozbɪta:/]
Mi … está fuera de servicio.	**… je mimo provoz.** [… jɛ mɪmo provoz]
televisión	**Můj televizor …** [mu:j tɛlɛvɪzor …]
aire acondicionado	**Moje klimatizace …** [mojɛ klɪmatɪzatsɛ …]
grifo	**Můj kohoutek …** [mu:j kohoutɛk …]

ducha	**Moje sprcha …** [mojɛ sprxa …]
lavabo	**Můj dřez …** [mu:j drʒɛz …]
caja fuerte	**Můj sejf …** [mu:j sɛjf …]

cerradura	**Můj zámek ...** [muːj zaːmɛk ...]
enchufe	**Moje elektrická zásuvka ...** [mojɛ ɛlɛktrɪtska: zaːsufka ...]
secador de pelo	**Můj fén ...** [muːj fɛːn ...]

No tengo ...	**Nemám ...** [nɛmaːm ...]
agua	**vodu** [vodu]
luz	**světlo** [svetlo]
electricidad	**elektřinu** [ɛlɛktrʒɪnu]

¿Me puede dar ...?	**Můžete mi dát ...?** [muːʒetɛ mɪ daːt ...?]
una toalla	**ručník** [rutʃniːk]
una sábana	**přikrývku** [prʒɪkriːfku]
unas chanclas	**bačkory** [batʃkorɪ]
un albornoz	**župan** [ʒupan]
un champú	**šampón** [ʃampón]
jabón	**mýdlo** [miːdlo]

Quisiera cambiar de habitación.	**Chtěl bych vyměnit pokoje.** [xtel bɪx vɪmnenɪt pokojɛ]
No puedo encontrar mi llave.	**Nemůžu najít klíč.** [nɛmuːʒu najiːt kliːtʃ]
Por favor abra mi habitación.	**Můžete mi otevřít pokoj, prosím?** [muːʒetɛ mɪ otɛvrʒiːt pokoj, prosiːm?]
¿Quién es?	**Kdo je tam?** [gdo jɛ tam?]
¡Entre!	**Vstupte!** [vstuptɛ!]
¡Un momento!	**Minutku!** [mɪnutku!]
Ahora no, por favor.	**Teď ne, prosím.** [tɛtʲ nɛ, prosiːm]

Venga a mi habitación, por favor.	**Pojďte do mého pokoje, prosím.** [pojdʲtɛ do mɛːho pokojɛ, prosiːm]
Quisiera hacer un pedido.	**Chtěl bych si objednat jídlo.** [xtel bɪx sɪ objɛdnat jiːdlo]
Mi número de habitación es ...	**Číslo mého pokoje je ...** [tʃiːslo mɛːho pokojɛ jɛ ...]

Me voy ...	**Odjíždím ...** [odji:ʒdi:m ...]
Nos vamos ...	**Odjíždíme ...** [odji:ʒdi:mɛ ...]
Ahora mismo	**hned teď** [hnɛt tɛtʲ]
esta tarde	**dnes odpoledne** [dnɛs otpolɛdnɛ]
esta noche	**dnes večer** [dnɛs vɛtʃɛr]
mañana	**zítra** [zi:tra]
mañana por la mañana	**zítra dopoledne** [zi:tra dopolɛdnɛ]
mañana por la noche	**zítra večer** [zi:tra vɛtʃɛr]
pasado mañana	**pozítří** [pozi:trʃi:]

Quisiera pagar la cuenta.	**Chtěl bych zaplatit.** [xtel bɪx zaplatɪt]
Todo ha estado estupendo.	**Všechno bylo skvělé.** [vʃɛxno bɪlo skvelɛ:]
¿Dónde puedo coger un taxi?	**Kde můžu sehnat taxík?** [gdɛ mu:ʒu sɛhnat taksi:k?]
¿Puede llamarme un taxi, por favor?	**Můžete mi zavolat taxík, prosím?** [mu:ʒetɛ mɪ zavolat taksi:k, prosi:m?]

Restaurante

¿Puedo ver el menú, por favor?

Můžu se podívat na jídelní lístek, prosím?
[mu:ʒu sɛ podi:vat na ji:dɛlni: li:stɛk, prosi:m?]

Mesa para uno.

Stůl pro jednoho.
[stu:l pro jɛdnoho]

Somos dos (tres, cuatro).

Jsme dva (tři, čtyři).
[jsmɛ dva (trʒɪ, tʃtɪrʒɪ)]

Para fumadores

Kuřáci
[kurʒa:tsɪ]

Para no fumadores

Nekuřáci
[nɛkurʒa:tsɪ]

¡Por favor! (llamar al camarero)

Promiňte!
[promɪɲtɛ!]

la carta

jídelní lístek
[ji:dɛlni: li:stɛk]

la carta de vinos

vinný lístek
[vɪnnɪ li:stɛk]

La carta, por favor.

Jídelní lístek, prosím.
[ji:dɛlni: li:stɛk, prosi:m]

¿Está listo para pedir?

Vybrali jste si?
[vɪbralɪ jstɛ sɪ?]

¿Qué quieren pedir?

Co si dáte?
[tso sɪ da:tɛ?]

Yo quiero ...

Dám si ...
[da:m sɪ ...]

Soy vegetariano.

Jsem vegetarián.
[jsɛm vɛgɛtarɪa:n]

carne

maso
[maso]

pescado

ryba
[rɪba]

verduras

zelenina
[zɛlɛnɪna]

¿Tiene platos para vegetarianos?

Máte vegetariánská jídla?
[ma:tɛ vɛgɛtarɪa:nska: ji:dla?]

No como cerdo.

Nejím vepřové.
[nɛji:m vɛprʃovɛ:]

Él /Ella/ no come carne.

On /ona/ nejí maso.
[on /ona/ nɛji: maso]

Soy alérgico a ...

Jsem alergický /alergická/ na ...
[jsɛm alɛrgɪtski: /alɛrgɪtska:/ na ...]

¿Me puede traer ..., por favor?

Přinesl byste mi prosím ...
[prʒɪnɛsl bɪstɛ mɪ prosi:m ...]

sal | pimienta | azúcar

sůl | popř | cukr
[su:l | pɛprʒ | tsukr]

café | té | postre

kávu | čaj | zákusek
[ka:vu | tʃaj | za:kusɛk]

agua | con gas | sin gas

vodu | perlivou | neperlivou
[vodu | pɛrlɪvou | nɛpɛrlɪvou]

una cuchara | un tenedor | un cuchillo

lžíci | vidličku | nůž
[lʒi:tsɪ | vɪdlɪtʃku | nu:ʒ]

un plato | una servilleta

talíř | ubrousek
[tali:rʒ | ubrousɛk]

¡Buen provecho!

Dobrou chuť!
[dobrou xutʲ!]

Uno más, por favor.

Ještě jednou, prosím.
[jɛʃte jɛdnou, prosi:m]

Estaba delicioso.

Bylo to výborné.
[bɪlo to vi:bornɛ:]

---

la cuenta | el cambio | la propina

účet | drobné | spropitné
[u:tʃet | drobnɛ: | spropɪtnɛ:]

La cuenta, por favor.

Účet, prosím.
[u:tʃet, prosi:m]

¿Puedo pagar con tarjeta?

Můžu platit kreditní kartou?
[mu:ʒu platɪt krɛdɪtni: kartou?]

Perdone, aquí hay un error.

Omlouvám se, ale tady je chyba.
[omlouva:m sɛ, alɛ tadɪ jɛ xɪba]

De Compras

¿Puedo ayudarle?	**Co si přejete?** [tso sɪ prʒɛjɛtɛ?]
¿Tiene ...?	**Máte ...?** [maːtɛ ...?]
Busco ...	**Hledám ...** [hlɛdaːm ...]
Necesito ...	**Potřebuju ...** [potrʒɛbuju ...]

Sólo estoy mirando.	**Jen se dívám.** [jɛn sɛ diːvaːm]
Sólo estamos mirando.	**Jen se díváme.** [jɛn sɛ diːvaːmɛ]
Volveré más tarde.	**Vrátím se později.** [vraːtiːm sɛ pozdejɪ]
Volveremos más tarde.	**Vrátíme se později.** [vraːtiːmɛ sɛ pozdejɪ]
descuentos | oferta	**slevy | výprodej** [slɛvɪ | viːprodɛj]

Por favor, enséñeme ...	**Můžete mi prosím ukázat ...** [muːʒetɛ mɪ prosiːm ukaːzat ...]
¿Me puede dar ..., por favor?	**Můžete mi prosím dát ...** [muːʒetɛ mɪ prosiːm daːt ...]
¿Puedo probarmelo?	**Můžu si to vyzkoušet?** [muːʒu sɪ to vɪskouʃɛt?]
Perdone, ¿dónde están los probadores?	**Promiňte, kde je zkušební kabinka?** [promɪɲˈtɛ, gdɛ jɛ skuʃɛbniː kabɪŋka?]
¿Qué color le gustaría?	**Jakou byste chtěl /chtěla/ barvu?** [jakou bɪstɛ xtel /xtela/ barvu?]
la talla | el largo	**velikost | délku** [vɛlɪkost | deːlku]
¿Cómo le queda? (¿Está bien?)	**Jak vám to sedí?** [jak vaːm to sɛdiː?]

¿Cuánto cuesta esto?	**Kolik to stojí?** [kolɪk to stojiː?]
Es muy caro.	**To je příliš drahé.** [to jɛ prʃiːlɪʃ drahɛː]
Me lo llevo.	**Vezmu si to.** [vɛzmu sɪ to]
Perdone, ¿dónde está la caja?	**Promiňte, kde můžu zaplatit?** [promɪɲˈtɛ, gdɛ muːʒu zaplatɪt?]

¿Pagará en efectivo o con tarjeta?	**Budete platit v hotovosti nebo kreditní kartou?** [budɛtɛ platɪt v hotovostɪ nɛbo krɛdɪtni: kartou?]
en efectivo | con tarjeta	**v hotovosti | kreditní kartou** [v hotovostɪ | krɛdɪtni: kartou]

¿Quiere el recibo?	**Chcete stvrzenku?** [xtsɛtɛ stvrzɛŋku?]
Sí, por favor.	**Ano, prosím.** [ano, prosi:m]
No, gracias.	**Ne, to je dobré.** [nɛ, to jɛ dobrɛ:]
Gracias. ¡Que tenga un buen día!	**Děkuji. Hezký den.** [dekujɪ. hɛski: dɛn]

En la ciudad

Perdone, por favor.	**Promiňte, prosím.** [promɪɲɪtɛ, prosiːm]
Busco ...	**Hledám ...** [hlɛdaːm ...]
el metro	**metro** [mɛtro]
mi hotel	**svůj hotel** [svuːj hotɛl]

el cine	**kino** [kɪno]
una parada de taxis	**stanoviště taxíků** [stanovɪʃtɛ taksiːkuː]
un cajero automático	**bankomat** [baŋkomat]
una oficina de cambio	**směnárnu** [smnenaːrnu]

un cibercafé	**internetovou kavárnu** [ɪntɛrnɛtovou kavaːrnu]
la calle ...	**... ulici** [... ulɪtsɪ]
este lugar	**toto místo** [toto miːsto]

¿Sabe usted dónde está ...?	**Nevíte, kde je ...?** [nɛviːtɛ, gdɛ jɛ ...?]
¿Cómo se llama esta calle?	**Jaká je toto ulice?** [jakaː jɛ toto ulɪtsɛ?]
Muestreme dónde estamos ahora.	**Ukažte mi, kde teď jsme.** [ukaʃtɛ mɪ, gdɛ tɛɟ jsmɛ]
¿Puedo llegar a pie?	**Dostanu se tam pěšky?** [dostanu sɛ tam pɛʃkɪ?]
¿Tiene un mapa de la ciudad?	**Máte mapu tohoto města?** [maːtɛ mapu tohoto mnesta?]

¿Cuánto cuesta la entrada?	**Kolik stojí vstupenka?** [kolɪk stoji: vstupɛŋka?]
¿Se pueden hacer fotos aquí?	**Můžu tady fotit?** [muːʒu tadɪ fotɪt?]
¿Está abierto?	**Máte otevřeno?** [maːtɛ otɛvrʒɛno?]

¿A qué hora abren?	**Kdy otvíráte?** [gdɪ otviːraːtɛ?]
¿A qué hora cierran?	**Kdy zavíráte?** [gdɪ zaviːraːtɛ?]

Dinero

dinero	**peníze** [pɛni:zɛ]
efectivo	**hotovost** [hotovost]
billetes	**papírové peníze** [papi:rovɛ: pɛni:zɛ]
monedas	**drobné** [drobnɛ:]
la cuenta | el cambio | la propina	**účet | drobné | spropitné** [u:tʃɛt | drobnɛ: | spropɪtnɛ:]

la tarjeta de crédito	**kreditní karta** [krɛdɪtni: karta]
la cartera	**peněženka** [pɛneʒeŋka]
comprar	**koupit** [koupɪt]
pagar	**platit** [platɪt]
la multa	**pokuta** [pokuta]
gratis	**zdarma** [zdarma]

¿Dónde puedo comprar …?	**Kde dostanu koupit …?** [gdɛ dostanu koupɪt …?]
¿Está el banco abierto ahora?	**Je teď otevřená banka?** [jɛ tɛdʲ otevrʒɛna: baŋka?]
¿A qué hora abre?	**Kdy otvírají?** [gdɪ otvi:raji:?]
¿A qué hora cierra?	**Kdy zavírají?** [gdɪ zavi:raji:?]

¿Cuánto cuesta?	**Kolik?** [kolɪk?]
¿Cuánto cuesta esto?	**Kolik to stojí?** [kolɪk to stoji:?]
Es muy caro.	**To je příliš drahé.** [to jɛ prʃi:lɪʃ drahɛ:]

Perdone, ¿dónde está la caja?	**Promiňte, kde můžu zaplatit?** [promɪnʲtɛ, gdɛ mu:ʒu zaplatɪt?]
La cuenta, por favor.	**Účet, prosím.** [u:tʃɛt, prosi:m]

¿Puedo pagar con tarjeta?	**Můžu platit kreditní kartou?** [muːʒu platɪt krɛdɪtni: kartou?]
¿Hay un cajero por aquí?	**Je tady bankomat?** [jɛ tadɪ baŋkomat?]
Busco un cajero automático.	**Hledám bankomat.** [hlɛdaːm baŋkomat]

Busco una oficina de cambio.	**Hledám směnárnu.** [hlɛdaːm smnena:rnu]
Quisiera cambiar ...	**Chtěl bych si vyměnit ...** [xtel bɪx sɪ vɪmnenɪt ...]
¿Cuál es el tipo de cambio?	**Jaký je kurz?** [jakiː jɛ kurs?]
¿Necesita mi pasaporte?	**Potřebujete můj pas?** [potrʒɛbujɛtɛ muːj pas?]

Tiempo

¿Qué hora es?	**Kolik je hodin?** [kolɪk jɛ hodɪn?]
¿Cuándo?	**Kdy?** [gdɪ?]
¿A qué hora?	**V kolik hodin?** [v kolɪk hodɪn?]
ahora | luego | después de …	**teď | později | po …** [tɛdʲ | pozdejɪ | po …]

la una	**jedna hodina** [jɛdna hodɪna]
la una y cuarto	**čtvrt na dvě** [tʃtvrt na dve]
la una y medio	**půl druhé** [puːl druhɛː]
las dos menos cuarto	**tři čtvrtě na dvě** [trʒɪ tʃtvrte na dve]

una | dos | tres	**jedna | dvě | tři** [jɛdna | dve | trʒɪ]
cuatro | cinco | seis	**čtyři | pět | šest** [tʃtɪrʒɪ | pet | ʃɛst]
siete | ocho | nueve	**sedm | osm | devět** [sɛdm | osm | dɛvet]
diez | once | doce	**deset | jedenáct | dvanáct** [dɛsɛt | jɛdɛnaːtst | dvanaːtst]

en …	**za …** [za …]
cinco minutos	**pět minut** [pet mɪnut]
diez minutos	**deset minut** [dɛsɛt mɪnut]
quince minutos	**patnáct minut** [patnaːtst mɪnut]
veinte minutos	**dvacet minut** [dvatsɛt mɪnut]

media hora	**půl hodiny** [puːl hodɪnɪ]
una hora	**hodinu** [hodɪnu]
por la mañana	**dopoledne** [dopolɛdnɛ]

por la mañana temprano	**brzy ráno** [brzɪ ra:no]
esta mañana	**dnes dopoledne** [dnɛs dopolɛdnɛ]
mañana por la mañana	**zítra dopoledne** [zi:tra dopolɛdnɛ]

al mediodía	**v poledne** [v polɛdnɛ]
por la tarde	**odpoledne** [otpolɛdnɛ]
por la noche	**večer** [vɛtʃɛr]
esta noche	**dnes večer** [dnɛs vɛtʃɛr]

por la noche	**v noci** [v notsɪ]
ayer	**včera** [vtʃɛra]
hoy	**dnes** [dnɛs]
mañana	**zítra** [zi:tra]
pasado mañana	**pozítří** [pozi:trʃi:]

¿Qué día es hoy?	**Kolikátého je dnes?** [kolɪka:tɛ:ho jɛ dnɛs?]
Es ...	**Dnes je ...** [dnɛs jɛ ...]
lunes	**pondělí** [pondeli:]
martes	**úterý** [u:tɛri:]
miércoles	**středa** [strʒɛda]

jueves	**čtvrtek** [tʃtvrtɛk]
viernes	**pátek** [pa:tɛk]
sábado	**sobota** [sobota]
domingo	**neděle** [nɛdelɛ]

Saludos. Presentaciones.

Hola.

Dobrý den.
[dobri: dɛn]

Encantado /Encantada/ de conocerle.

Těší mě, že vás poznávám.
[teʃi: mne, ʒe va:s pozna:va:m]

Yo también.

Mě také.
[mne takɛ:]

Le presento a …

**Rád /Ráda/ bych
vás seznámil /seznámila/ …**
[ra:d /ra:da/ bɪx
va:s sɛzna:mɪl /sɛzna:mɪla/ …]

Encantado.

Těší mě.
[teʃi: mne]

¿Cómo está?

Jak se máte?
[jak sɛ ma:tɛ?]

Me llamo …

Jmenuju se …
[jmɛnuju sɛ …]

Se llama …

On se jmenuje …
[on sɛ jmɛnujɛ …]

Se llama …

Ona se jmenuje …
[ona sɛ jmɛnujɛ …]

¿Cómo se llama (usted)?

Jak se jmenujete?
[jak sɛ jmɛnujɛtɛ?]

¿Cómo se llama (él)?

Jak se jmenuje?
[jak sɛ jmɛnujɛ?]

¿Cómo se llama (ella)?

Jak se jmenuje?
[jak sɛ jmɛnujɛ?]

¿Cuál es su apellido?

Jaké je vaše příjmení?
[jakɛ: jɛ vaʃɛ prʒi:jmɛni:?]

Puede llamarme …

Můžete mi říkat …
[mu:ʒetɛ mɪ rʒi:kat …]

¿De dónde es usted?

Odkud jste?
[otkut jstɛ?]

Yo soy de ….

Jsem z …
[jsɛm s …]

¿A qué se dedica?

Čím jste?
[tʃi:m jstɛ?]

¿Quién es?

Kdo to je?
[gdo to jɛ?]

¿Quién es él?

Kdo je on?
[gdo jɛ on?]

¿Quién es ella?	**Kdo je ona?** [gdo jɛ ona?]
¿Quiénes son?	**Kdo jsou oni?** [gdo jsou onɪ?]

Este es ...	**To je ...** [to jɛ ...]
mi amigo	**můj přítel** [mu:j prʃi:tɛl]
mi amiga	**moje přítelkyně** [mojɛ prʃi:tɛlkɪne]
mi marido	**můj manžel** [mu:j manʒel]
mi mujer	**moje manželka** [mojɛ manʒelka]

mi padre	**můj otec** [mu:j otɛts]
mi madre	**moje matka** [mojɛ matka]
mi hermano	**můj bratr** [mu:j bratr]
mi hermana	**moje sestra** [mojɛ sɛstra]
mi hijo	**můj syn** [mu:j sɪn]
mi hija	**moje dcera** [mojɛ dtsɛra]

Este es nuestro hijo.	**To je náš syn.** [to jɛ na:ʃ sɪn]
Esta es nuestra hija.	**To je naše dcera.** [to jɛ naʃɛ dtsɛra]
Estos son mis hijos.	**To jsou moje děti.** [to jsou mojɛ detɪ]
Estos son nuestros hijos.	**To jsou naše děti.** [to jsou naʃɛ detɪ]

Despedidas

¡Adiós!	**Na shledanou!** [na sxlɛdanou!]
¡Chau!	**Ahoj!** [ahoj!]
Hasta mañana.	**Uvidíme se zítra.** [uvɪdi:mɛ sɛ zi:tra]
Hasta pronto.	**Brzy ahoj.** [brzɪ ahoj]
Te veo a las siete.	**Ahoj v sedm.** [ahoj v sɛdm]

¡Que se diviertan!	**Hezkou zábavu!** [hɛskou za:bavu!]
Hablamos más tarde.	**Promluvíme si později.** [promluvi:mɛ sɪ pozdejɪ]
Que tengas un buen fin de semana.	**Hezký víkend.** [hɛskɪ vi:kɛnt]
Buenas noches.	**Dobrou noc.** [dobrou nots]

Es hora de irme.	**Už musím jít.** [uʒ musi:m ji:t]
Tengo que irme.	**Musím jít.** [musi:m ji:t]
Ahora vuelvo.	**Hned se vrátím.** [hnɛt sɛ vra:ti:m]

Es tarde.	**Je pozdě.** [jɛ pozde]
Tengo que levantarme temprano.	**Musím brzy vstávat.** [musi:m brzɪ vsta:vat]
Me voy mañana.	**Zítra odjíždím.** [zi:tra odji:ʒdi:m]
Nos vamos mañana.	**Zítra odjíždíme.** [zi:tra odji:ʒdi:mɛ]

¡Que tenga un buen viaje!	**Hezký výlet!** [hɛski: vɪlɛt!]
Ha sido un placer.	**Jsem rád /ráda/,** **že jsem vás poznal /poznala/.** [jsɛm ra:d /ra:da/, ʒe jsɛm va:s poznal /poznala/]

Fue un placer hablar con usted.	**Rád /Ráda/ jsem si s vámi popovídal /popovídala/.** [ra:d /ra:da/ jsɛm sɪ s va:mɪ popovi:dal /popovi:dala/]
Gracias por todo.	**Děkuji vám za všechno.** [dekujɪ va:m za vʃɛxno]

Lo he pasado muy bien.	**Měl /Měla/ jsem se moc dobře.** [mnel /mnela/ jsɛm sɛ mots dobrʒɛ]
Lo pasamos muy bien.	**Měli /Měly/ jsme se moc dobře.** [mnelɪ /mnelɪ/ jsmɛ sɛ mots dobrʒɛ]
Fue genial.	**Bylo to fakt skvělé.** [bɪlo to fakt skvelɛ:]
Le voy a echar de menos.	**Bude se mi po tobě stýskat.** [budɛ sɛ mɪ po tobe sti:skat]
Le vamos a echar de menos.	**Bude se nám po vás stýskat.** [budɛ sɛ na:m po va:s sti:skat]

¡Suerte!	**Hodně štěstí!** [hodne ʃtesti:!]
Saludos a ...	**Pozdravuj ...** [pozdravuj ...]

Idioma extranjero

No entiendo.	**Nerozumím.** [nɛrozumi:m]
Escríbalo, por favor.	**Napište to, prosím.** [napɪʃtɛ to, prosi:m]
¿Habla usted ...?	**Mluvíte ...?** [mluvi:tɛ ...?]

Hablo un poco de ...	**Mluvím trochu ...** [mluvi:m troxu ...]
inglés	**anglicky** [anglɪtskɪ]
turco	**turecky** [turɛtskɪ]
árabe	**arabsky** [arapskɪ]
francés	**francouzsky** [frantsouskɪ]

alemán	**německy** [nemɛtskɪ]
italiano	**italsky** [ɪtalskɪ]
español	**španělsky** [ʃpanelskɪ]
portugués	**portugalsky** [portugalskɪ]
chino	**čínsky** [tʃi:nskɪ]
japonés	**japonsky** [japonskɪ]

¿Puede repetirlo, por favor?	**Můžete to prosím zopakovat.** [mu:ʒetɛ to prosi:m zopakovat]
Lo entiendo.	**Rozumím.** [rozumi:m]
No entiendo.	**Nerozumím.** [nɛrozumi:m]
Hable más despacio, por favor.	**Mluvte prosím pomalu.** [mluftɛ prosi:m pomalu]

¿Está bien?	**Je to správně?** [jɛ to spra:vne?]
¿Qué es esto? (¿Que significa esto?)	**Co to je?** [tso to jɛ?]

Disculpas

Perdone, por favor.
Promiňte, prosím.
[promɪɲ'tɛ, prosi:m]

Lo siento.
Omlouvám se.
[omlouva:m sɛ]

Lo siento mucho.
Je mi to opravdu líto.
[jɛ mɪ to opravdu li:to]

Perdón, fue culpa mía.
Omlouvám se, je to moje chyba.
[omlouva:m sɛ, jɛ to mojɛ xɪba]

Culpa mía.
Moje chyba.
[mojɛ xɪba]

¿Puedo ...?
Můžu ...?
[mu:ʒu ...?]

¿Le molesta si ...?
Nevadilo by vám, kdybych ...?
[nɛvadɪlo bɪ va:m, gdɪbɪx ...?]

¡No hay problema! (No pasa nada.)
Nic se nestalo.
[nɪts sɛ nɛstalo]

Todo está bien.
To je v pořádku.
[to jɛ v porʒa:tku]

No se preocupe.
Tím se netrapte.
[ti:m sɛ nɛtraptɛ]

Acuerdos

Sí.	**Ano.** [ano]
Sí, claro.	**Ano, jistě.** [ano, jɪste]
Bien.	**Dobrá.** [dobra:]
Muy bien.	**Dobře.** [dobrʒɛ]
¡Claro que sí!	**Samozřejmě!** [samozrʒɛjmne!]
Estoy de acuerdo.	**Souhlasím.** [souhlasi:m]

Es verdad.	**To je správně.** [to jɛ spra:vne]
Es correcto.	**To je v pořádku.** [to jɛ v porʒa:tku]
Tiene razón.	**Máte pravdu.** [ma:tɛ pravdu]
No me molesta.	**Nevadí mi to.** [nɛvadi: mɪ to]
Es completamente cierto.	**To je naprosto správně.** [to jɛ naprosto spra:vne]

Es posible.	**Je to možné.** [jɛ to moʒnɛ:]
Es una buena idea.	**To je dobrý nápad.** [to jɛ dobri: na:pat]
No puedo decir que no.	**Nemůžu říct ne.** [nɛmu:ʒu rʒi:tst nɛ]
Estaré encantado /encantada/.	**Hrozně rád /ráda/.** [hrozne ra:d /ra:da/]
Será un placer.	**S radostí.** [s radosti:]

Rechazo. Expresar duda

No.	**Ne.** [nɛ]
Claro que no.	**Určitě ne.** [urtʃɪte nɛ]
No estoy de acuerdo.	**Nesouhlasím.** [nɛsouhlasi:m]
No lo creo.	**Myslím, že ne.** [mɪsli:m, ʒe nɛ]
No es verdad.	**To není pravda.** [to nɛni: pravda]

No tiene razón.	**Mýlíte se.** [mɪli:tɛ sɛ]
Creo que no tiene razón.	**Myslím, že se mýlíte.** [mɪsli:m, ʒe sɛ mi:li:tɛ]
No estoy seguro /segura/.	**Nejsem si jist /jista/.** [nɛjsɛm sɪ jɪst /jɪsta/]
No es posible.	**To je nemožné.** [to jɛ nɛmoʒnɛ:]
¡Nada de eso!	**Nic takového!** [nɪts takovɛ:ho!]

Justo lo contrario.	**Přesně naopak.** [prʃɛsne naopak]
Estoy en contra de ello.	**Jsem proti.** [jsɛm protɪ]
No me importa. (Me da igual.)	**Je mi to jedno.** [jɛ mɪ to jɛdno]
No tengo ni idea.	**Nemám ani ponětí.** [nɛma:m anɪ poneti:]
Dudo que sea así.	**To pochybuju.** [to poxɪbuju]

Lo siento, no puedo.	**Bohužel, nemůžu.** [bohuʒel, nɛmu:ʒu]
Lo siento, no quiero.	**Bohužel, nechci.** [bohuʒel, nɛxtsɪ]
Gracias, pero no lo necesito.	**Děkuju, ale to já nepotřebuju.** [dekuju, alɛ to ja: nɛpotrʒɛbuju]
Ya es tarde.	**Už je pozdě.** [uʒ jɛ pozde]

Tengo que levantarme temprano.

Musím brzy vstávat.
[musiim brzɪ vstaːvat]

Me encuentro mal.

Necítím se dobře.
[nɛtsiːtiːm sɛ dobrʒɛ]

Expresar gratitud

Gracias.	**Děkuju.** [dekuju]
Muchas gracias.	**Děkuju mockrát.** [dekuju motskra:t]
De verdad lo aprecio.	**Opravdu si toho vážím.** [opravdu sɪ toho va:ʒi:m]
Se lo agradezco.	**Jsem vám opravdu vděčný /vděčná/.** [jsɛm va:m opravdu vdetʃni: /vdetʃna:/]
Se lo agradecemos.	**Jsme vám opravdu vděční.** [jsmɛ va:m opravdu vdetʃni:]

Gracias por su tiempo.	**Děkuju za váš čas.** [dekuju za va:ʃ tʃas]
Gracias por todo.	**Děkuju za všechno.** [dekuju za vʃɛxno]
Gracias por ...	**Děkuju za ...** [dekuju za ...]
su ayuda	**vaši pomoc** [vaʃɪ pomots]
tan agradable momento	**příjemně strávený čas** [prʒi:jeme stra:vɛnɪ tʃas]

una comida estupenda	**skvělé jídlo** [skvelɛ: ji:dlo]
una velada tan agradable	**příjemný večer** [prʒi:jɛmnɪ vɛtʃɛr]
un día maravilloso	**nádherný den** [na:dhɛrni: dɛn]
un viaje increíble	**úžasnou cestu** [u:ʒasnou tsɛstu]

No hay de qué.	**To nestojí za řeč.** [to nɛstoji: za rʒɛtʃ]
De nada.	**Není zač.** [nɛni: zatʃ]
Siempre a su disposición.	**Je mi potěšením.** [jɛ mɪ poteʃeni:m]
Encantado /Encantada/ de ayudarle.	**S radostí.** [s radosti:]
No hay de qué.	**To nestojí za řeč.** [to nɛstoji: za rʒɛtʃ]
No tiene importancia.	**Tím se netrapte.** [ti:m sɛ nɛtraptɛ]

Felicitaciones , Mejores Deseos

¡Felicidades!

¡Feliz Cumpleaños!

¡Feliz Navidad!

¡Feliz Año Nuevo!

Blahopřeju!
[blahoprʒɛju!]
Všechno nejlepší k narozeninám!
[vʃɛxno nɛjlɛpʃi: k narozɛnɪna:m!]
Veselé Vánoce!
[vɛsɛlɛ: va:notsɛ!]
Šťastný nový rok!
[ʃtʲastni: novi: rok!]

¡Felices Pascuas!

¡Feliz Hanukkah!

Veselé Velikonoce!
[vɛsɛlɛ: vɛlɪkonotsɛ!]
Šťastnou Chanuku!
[ʃtʲastnou xanuku!]

Quiero brindar.

¡Salud!

¡Brindemos por ...!

¡A nuestro éxito!

¡A su éxito!

Chtěl /Chtěla/ bych pronést přípitek.
[xtel /xtela/ bɪx pronɛ:st prʒi:pɪtɛk]
Na zdraví!
[na zdravi:!]
Pojďme se napít na ...!
[pojdʲmɛ sɛ napi:t na ...!]
Na náš úspěch!
[na na:ʃ u:spex!]
Na váš úspěch!
[na va:ʃ u:spex!]

¡Suerte!

¡Que tenga un buen día!

¡Que tenga unas buenas vacaciones!

¡Que tenga un buen viaje!

¡Espero que se recupere pronto!

Hodně štěstí!
[hodne ʃtesti:!]
Hezký den!
[hɛski: dɛn!]
Hezkou dovolenou!
[hɛskou dovolɛnou!]
Šťastnou cestu!
[ʃtʲastnou tsɛstu!]
Doufám, že se brzy uzdravíte!
[doufa:m, ʒe sɛ brzɪ uzdravi:tɛ!]

Socializarse

¿Por qué está triste?	**Proč jste smutný /smutná/?** [protʃ jstɛ smutni: /smutna:/?]
¡Sonría! ¡Anímese!	**Usmějte se! Hlavu vzhůru!** [usmnejtɛ sɛ! hlavu vzhu:ru!]
¿Está libre esta noche?	**Máte dnes večer čas?** [ma:tɛ dnɛs vɛtʃɛr tʃas?]

¿Puedo ofrecerle algo de beber?	**Můžu vám nabídnout něco k pití?** [muːʒu vaːm nabiːdnout netso k pɪtiː?]
¿Querría bailar conmigo?	**Smím prosít?** [smiːm prosiːt?]
Vamos a ir al cine.	**Nechcete jít do kina?** [nɛxtsɛtɛ jiːt do kɪna?]

¿Puedo invitarle a ...?	**Můžu vás pozvat ...?** [muːʒu vaːs pozvat ...?]
un restaurante	**do restaurace** [do rɛstauratsɛ]
el cine	**do kina** [do kɪna]
el teatro	**do divadla** [do dɪvadla]
dar una vuelta	**na procházku** [na proxaːsku]

¿A qué hora?	**V kolik hodin?** [v kolɪk hodɪn?]
esta noche	**dnes večer** [dnɛs vɛtʃer]
a las seis	**v šest** [v ʃɛst]
a las siete	**v sedm** [v sɛdm]
a las ocho	**v osm** [v osm]
a las nueve	**v devět** [v dɛvet]

¿Le gusta este lugar?	**Líbí se vám tady?** [liːbiː sɛ vaːm tadɪ?]
¿Está aquí con alguien?	**Jste tady s někým?** [jstɛ tadɪ s nekiːm?]
Estoy con mi amigo /amiga/.	**Jsem tady s přítelem /přítelkyní/.** [jsɛm tadɪ s prʒiːtɛlɛm /prʒiːtɛlkɪniː/]

Estoy con amigos.	**Jsem tady s přáteli.** [jsɛm tadɪ s prʒaːtɛlɪ]
No, estoy solo /sola/.	**Ne, jsem tady sám /sama/.** [nɛ, jsɛm tadɪ saːm /sama/]

¿Tienes novio?	**Máš přítele?** [maːʃ prʃiːtɛlɛ?]
Tengo novio.	**Mám přítele.** [maːm prʃiːtɛlɛ]
¿Tienes novia?	**Máš přítelkyni?** [maːʃ prʃiːtɛlkɪnɪ?]
Tengo novia.	**Mám přítelkyni.** [maːm prʃiːtɛlkɪnɪ]

¿Te puedo volver a ver?	**Můžu tě zase vidět?** [muːʒu te zasɛ vɪdet?]
¿Te puedo llamar?	**Můžu ti zavolat?** [muːʒu tɪ zavolat?]
Llámame.	**Zavolej mi.** [zavolɛj mɪ]
¿Cuál es tu número?	**Jaké je tvoje číslo?** [jakɛː jɛ tvojɛ tʃiːslo?]
Te echo de menos.	**Stýská se mi po tobě.** [stiːskaː sɛ mɪ po tobe]

¡Qué nombre tan bonito!	**Máte krásné jméno.** [maːtɛ kraːsnɛː jmɛːno]
Te quiero.	**Miluju tě.** [mɪluju te]
¿Te casarías conmigo?	**Vezmeš si mě?** [vɛzmɛʃ sɪ mne?]
¡Está de broma!	**Děláte si legraci!** [delaːtɛ sɪ lɛgratsɪ!]
Sólo estoy bromeando.	**Žertoval /Žertovala/ jsem.** [ʒertoval /ʒertovala/ jsɛm]

¿En serio?	**Myslíte to vážně?** [mɪsliːtɛ to vaːʒne?]
Lo digo en serio.	**Myslím to vážně.** [mɪsliːm to vaːʒne]
¿De verdad?	**Opravdu?!** [opravdu?!]
¡Es increíble!	**To je neuvěřitelné!** [to jɛ nɛuverʒɪtɛlnɛː!]
No le creo.	**Nevěřím vám.** [nɛverʒiːm vaːm]
No puedo.	**Nemůžu.** [nɛmuːʒu]
No lo sé.	**Nevím.** [nɛviːm]
No le entiendo.	**Nerozumím vám.** [nɛrozumiːm vaːm]

Váyase, por favor.

Odejděte prosím.
[odɛjdetɛ prosi:m]

¡Déjeme en paz!

Nechte mě na pokoji!
[nɛxtɛ mne na pokojɪ!]

Es inaguantable.

Nesnáším ho.
[nɛsna:ʃi:m ho]

¡Es un asqueroso!

Jste odporný!
[jstɛ otporni:!]

¡Llamaré a la policía!

Zavolám policii!
[zavola:m polɪtsɪjɪ!]

Compartir impresiones. Emociones

Me gusta.

Muy lindo.

¡Es genial!

No está mal.

Líbí se mi to.
[li:bi: sɛ mɪ to]

Moc pěkné.
[mots peknɛ:]

To je skvělé!
[to jɛ skvelɛ:!]

To není špatné.
[to nɛni ʃpatnɛ:]

No me gusta.

No está bien.

Está mal.

Está muy mal.

¡Qué asco!

Nelíbí se mi to.
[nɛli:bi: sɛ mɪ to]

To není dobře.
[to nɛni: dobrʒɛ]

To je špatné.
[to jɛ ʃpatnɛ:]

Je to moc špatné.
[jɛ to mots ʃpatnɛ:]

To je odporné.
[to jɛ otpornɛ:]

Estoy feliz.

Estoy contento /contenta/.

Estoy enamorado /enamorada/.

Estoy tranquilo.

Estoy aburrido.

Jsem šťastný /šťastná/.
[jsɛm ʃtʲastni: /ʃtʲastna:/]

Jsem spokojený /spokojená/.
[jsɛm spokojɛni: /spokojɛna:/]

Jsem zamilovaný /zamilovaná/.
[jsɛm zamɪlovani: /zamɪlovana:/]

Jsem klidný /klidná/.
[jsɛm klɪdni: /klɪdna:/]

Nudím se.
[nudi:m sɛ]

Estoy cansado /cansada/.

Estoy triste.

Estoy asustado.

Estoy enfadado /enfadada/.

Jsem unavený /unavená/.
[jsɛm unavɛni: /unavɛna:/]

Jsem smutný /smutná/.
[jsɛm smutni: /smutna:/]

Jsem vystrašený /vystrašená/.
[jsɛm vɪstraʃɛni: /vɪstraʃɛna:/]

Zlobím se.
[zlobi:m sɛ]

Estoy preocupado /preocupada/.

Estoy nervioso /nerviosa/.

Mám starosti.
[ma:m starostɪ]

Jsem nervózní.
[jsɛm nɛrvózni:]

Estoy celoso /celosa/.

Žárlím.
[ʒa:rli:m]

Estoy sorprendido /sorprendida/.

Jsem překvapený /překvapená/.
[jsɛm prʒɛkvapɛni: /prʒɛkvapɛna:/]

Estoy perplejo /perpleja/.

Jsem zmatený /zmatená/.
[jsɛm zmatɛni: /zmatɛna:/]

Problemas, Accidentes

Tengo un problema.	**Mám problém.** [ma:m problɛ:m]
Tenemos un problema.	**Máme problém.** [ma:mɛ problɛ:m]
Estoy perdido /perdida/.	**Ztratil /Ztratila/ jsem se.** [stratɪl /stratɪla/ jsɛm sɛ]
Perdi el último autobús (tren).	**Zmeškal /Zmeškala/ jsem poslední autobus (vlak).** [zmɛʃkal /zmɛʃkala/ jsɛm poslɛdni: autobus (vlak)]
No me queda más dinero.	**Už nemám žádné peníze.** [uʒ nɛma:m ʒa:dnɛ: pɛni:zɛ]

He perdido ...	**Ztratil /Ztratila/ jsem ...** [stratɪl /stratɪla/ jsɛm ...]
Me han robado ...	**Někdo mi ukradl ...** [negdo mɪ ukradl ...]
mi pasaporte	**pas** [pas]
mi cartera	**peněženku** [pɛneʒeŋku]
mis papeles	**dokumenty** [dokumentɪ]
mi billete	**vstupenku** [vstupeŋku]

mi dinero	**peníze** [pɛni:zɛ]
mi bolso	**kabelku** [kabɛlku]
mi cámara	**fotoaparát** [fotoapara:t]
mi portátil	**počítač** [potʃi:tatʃ]
mi tableta	**tablet** [tablɛt]
mi teléfono	**mobilní telefon** [mobɪlni: tɛlɛfon]

¡Ayúdeme!	**Pomozte mi!** [pomoztɛ mɪ!]
¿Qué pasó?	**Co se stalo?** [tso sɛ stalo?]

el incendio	**požár** [poʒaːr]
un tiroteo	**střelba** [strʒɛlba]
el asesinato	**vražda** [vraʒda]
una explosión	**výbuch** [viːbux]
una pelea	**rvačka** [rvatʃka]

¡Llame a la policía!	**Zavolejte policii!** [zavolɛjtɛ polɪtsɪjɪ!]
¡Más rápido, por favor!	**Pospěšte si prosím!** [pospeʃtɛ sɪ prosiːm!]
Busco la comisaría.	**Hledám policejní stanici.** [hlɛdaːm polɪtsɛjni: stanɪtsɪ]
Tengo que hacer una llamada.	**Potřebuju si zavolat.** [potrʒɛbuju sɪ zavolat]
¿Puedo usar su teléfono?	**Můžu si od vás zavolat?** [muːʒu sɪ od vaːs zavolat?]

Me han …	**Byl /Byla/ jsem …** [bɪl /bɪla/ jsɛm …]
asaltado /asaltada/	**přepaden /přepadena/** [prʃɛpadɛn /prʃɛpadɛna/]
robado /robada/	**oloupen /oloupena/** [oloupɛn /oloupɛna/]
violada	**znásilněna** [znaːsɪlnena]
atacado /atacada/	**napaden /napadena/** [napadɛn /napadɛna/]

¿Se encuentra bien?	**Jste v pořádku?** [jstɛ v porʒaːtku?]
¿Ha visto quien a sido?	**Viděl /Viděla/ jste, kdo to byl?** [vɪdel /vɪdela/ jstɛ, gdo to bɪl?]
¿Sería capaz de reconocer a la persona?	**Poznal /Poznala/ byste toho člověka?** [poznal /poznala/ bɪstɛ toho tʃloveka?]
¿Está usted seguro?	**Jste si tím jist /jista/?** [jstɛ sɪ tiːm jɪst /jɪsta/?]

Por favor, cálmese.	**Uklidněte se, prosím.** [uklɪdnetɛ sɛ, prosiːm]
¡Cálmese!	**Uklidněte se!** [uklɪdnetɛ sɛ!]
¡No se preocupe!	**Nebojte se!** [nɛbojtɛ sɛ!]
Todo irá bien.	**Všechno bude v pořádku.** [vʃɛxno budɛ v porʒaːtku]
Todo está bien.	**Vše v pořádku.** [vʃɛ v porʒa:tku]

Venga aquí, por favor.

Pojďte sem, prosím.
[pojdᵈtɛ sɛm, prosi:m]

Tengo unas preguntas para usted.

Mám na vás několik otázek.
[ma:m na va:s nekolɪk ota:zɛk]

Espere un momento, por favor.

Okamžik, prosím.
[okamʒɪk, prosi:m]

¿Tiene un documento de identidad?

Máte nějaký průkaz totožnosti?
[ma:tɛ nejaki: pru:kaz totoʒnostɪ?]

Gracias. Puede irse ahora.

Díky. Teď můžete odejít.
[di:kɪ. tɛdʲ mu:ʒetɛ odɛji:t]

¡Manos detrás de la cabeza!

Ruce za hlavu!
[rutsɛ za hlavu!]

¡Está arrestado!

Jste zatčen /zatčena/!
[jstɛ zattʃɛn /zattʃɛna/!]

Problemas de salud

Ayudeme, por favor.	**Prosím vás, pomozte mi.** [prosi:m va:s, pomoztɛ mɪ]
No me encuentro bien.	**Necítím se dobře.** [nɛtsi:ti:m sɛ dobrʒɛ]
Mi marido no se encuentra bien.	**Můj manžel se necítí dobře.** [mu:j manʒel sɛ nɛtsi:ti: dobrʒe]
Mi hijo ...	**Můj syn ...** [mu:j sɪn ...]
Mi padre ...	**Můj otec ...** [mu:j otɛts ...]

Mi mujer no se encuentra bien.	**Moje manželka se necítí dobře.** [mojɛ manʒelka sɛ nɛtsi:ti: dobrʒe]
Mi hija ...	**Moje dcera ...** [mojɛ dtsɛra ...]
Mi madre ...	**Moje matka ...** [mojɛ matka ...]

Me duele ...	**Bolí mě ...** [boli: mne ...]
la cabeza	**hlava** [hlava]
la garganta	**v krku** [v krku]
el estómago	**žaludek** [ʒaludɛk]
un diente	**zub** [zup]

Estoy mareado.	**Mám závratě.** [ma:m za:vrate]
Él tiene fiebre.	**On má horečku.** [on ma: horɛtʃku]
Ella tiene fiebre.	**Ona má horečku.** [ona ma: horɛtʃku]
No puedo respirar.	**Nemůžu dýchat.** [nɛmu:ʒu di:xat]

Me ahogo.	**Nemůžu se nadechnout.** [nɛmu:ʒu sɛ nadɛxnout]
Tengo asma.	**Jsem astmatik /astmatička/.** [jsɛm astmatɪk /astmatɪtʃka/]
Tengo diabetes.	**Jsem diabetik /diabetička/.** [jsɛm dɪabɛtɪk /dɪabɛtɪtʃka/]

No puedo dormir.

Nemůžu spát.
[nɛmu:ʒu spa:t]

intoxicación alimentaria

otrava z jídla
[otrava z ji:dla]

Me duele aquí.

Tady to bolí.
[tadɪ to boli:]

¡Ayúdeme!

Pomozte mi!
[pomoztɛ mɪ!]

¡Estoy aquí!

Tady jsem!
[tadɪ jsɛm!]

¡Estamos aquí!

Tady jsme!
[tadɪ jsmɛ!]

¡Saquenme de aquí!

Dostaňte mě odtud!
[dostaɲtɛ mne odtut!]

Necesito un médico.

Potřebuju doktora.
[potrʒɛbuju doktora]

No me puedo mover.

Nemůžu se hýbat.
[nɛmu:ʒu sɛ hi:bat]

No puedo mover mis piernas.

Nemůžu hýbat nohama.
[nɛmu:ʒu hi:bat nohama]

Tengo una herida.

Jsem zraněný /zraněná/.
[jsɛm zraneni: /zranena:/]

¿Es grave?

Je to vážné?
[jɛ to va:ʒnɛ:?]

Mis documentos están en mi bolsillo.

Doklady mám v kapse.
[dokladɪ ma:m v kapsɛ]

¡Cálmese!

Uklidněte se!
[uklɪdnetɛ sɛ!]

¿Puedo usar su teléfono?

Můžu si od vás zavolat?
[mu:ʒu sɪ od va:s zavolat?]

¡Llame a una ambulancia!

Zavolejte sanitku!
[zavolɛjtɛ sanɪtku!]

¡Es urgente!

Je to urgentní!
[jɛ to urgɛntni:!]

¡Es una emergencia!

To je pohotovost!
[to jɛ pohotovost!]

¡Más rápido, por favor!

Prosím vás, pospěšte si!
[prosi:m va:s, pospeʃtɛ sɪ!]

¿Puede llamar a un médico, por favor?

Zavolal /Zavolala/ byste prosím lékaře?
[zavolal /zavolala/ bɪstɛ prosi:m lɛ:karʒɛ?]

¿Dónde está el hospital?

Kde je nemocnice?
[gdɛ jɛ nɛmotsnɪtsɛ?]

¿Cómo se siente?

Jak se cítíte?
[jak sɛ tsi:ti:tɛ?]

¿Se encuentra bien?

Jste v pořádku?
[jstɛ v porʒa:tku?]

¿Qué pasó?

Co se stalo?
[tso sɛ stalo?]

Me encuentro mejor.

Teď už se cítím líp.
[tɛdʲ uʒ sɛ tsiːtiːm liːp]

Está bien.

To je v pořádku.
[to jɛ v porʒaːtku]

Todo está bien.

To je v pořádku.
[to jɛ v porʒaːtku]

En la farmacia

la farmacia	**lékárna** [lɛ:ka:rna]
la farmacia 24 horas	**non-stop lékárna** [non-stop lɛ:ka:rna]
¿Dónde está la farmacia más cercana?	**Kde je nejbližší lékárna?** [gdɛ jɛ nɛjblɪʒʃi: lɛ:ka:rna?]
¿Está abierta ahora?	**Mají teď otevřeno?** [maji: tɛdʲ otɛvrʒɛno?]
¿A qué hora abre?	**V kolik hodin otvírají?** [v kolɪk hodɪn otvi:raji:?]
¿A qué hora cierra?	**V kolik hodin zavírají?** [v kolɪk hodɪn zavi:raji:?]
¿Está lejos?	**Je to daleko?** [jɛ to dalɛko?]
¿Puedo llegar a pie?	**Dostanu se tam pěšky?** [dostanu sɛ tam peʃkɪ?]
¿Puede mostrarme en el mapa?	**Můžete mi to ukázat na mapě?** [mu:ʒetɛ mɪ to uka:zat na mape?]
Por favor, deme algo para ...	**Můžete mi prosím vás dát něco na ...** [mu:ʒetɛ mɪ prosi:m va:s da:t netso na]
un dolor de cabeza	**bolení hlavy** [bolɛni: hlavɪ]
la tos	**kašel** [kaʃɛl]
el resfriado	**nachlazení** [naxlazɛni:]
la gripe	**chřipka** [xrʃɪpka]
la fiebre	**horečka** [horɛtʃka]
un dolor de estomago	**bolesti v žaludku** [bolɛstɪ v ʒalutku]
nauseas	**nucení na zvracení** [nutsɛni: na zvratsɛni:]
la diarrea	**průjem** [pru:jɛm]
el estreñimiento	**zácpa** [za:tspa]
un dolor de espalda	**bolest v zádech** [bolɛst v za:dɛx]

un dolor de pecho	**bolest na hrudi** [bolɛst na hrudɪ]
el flato	**boční steh** [botʃni: stɛh]
un dolor abdominal	**bolest břicha** [bolɛst brʒɪxa]

la píldora	**pilulka** [pɪlulka]
la crema	**mast, krém** [mast, krɛ:m]
el jarabe	**sirup** [sɪrup]
el spray	**sprej** [sprɛj]
las gotas	**kapky** [kapkɪ]

Tiene que ir al hospital.	**Musíte jít do nemocnice.** [musi:tɛ ji:t do nɛmotsnɪtsɛ]
el seguro de salud	**zdravotní pojištění** [zdravotni: pojɪʃteni:]
la receta	**předpis** [prʃɛtpɪs]
el repelente de insectos	**repelent proti hmyzu** [rɛpɛlɛnt protɪ hmɪzu]
la curita	**náplast** [na:plast]

Lo más imprescindible

Perdone, ...	**Promiňte, ...** [promɪnʲtɛ, ...]
Hola.	**Dobrý den.** [dobriː dɛn]
Gracias.	**Děkuji.** [dekujɪ]

Sí.	**Ano.** [ano]
No.	**Ne.** [nɛ]
No lo sé.	**Nevím.** [nɛviːm]
¿Dónde? | ¿A dónde? | ¿Cuándo?	**Kde? | Kam? | Kdy?** [gdɛ? | kam? | gdɪ?]

Necesito ...	**Potřebuju ...** [potrʒɛbuju ...]
Quiero ...	**Chci ...** [xtsɪ ...]
¿Tiene ...?	**Máte ...?** [maːtɛ ...?]
¿Hay ... por aquí?	**Je tady ...?** [jɛ tadɪ ...?]
¿Puedo ...?	**Můžu ...?** [muːʒu ...?]
..., por favor? (petición educada)	**..., prosím** [..., prosiːm]

Busco ...	**Hledám ...** [hlɛdaːm ...]
el servicio	**toaletu** [toalɛtu]
un cajero automático	**bankomat** [baŋkomat]
una farmacia	**lékárnu** [lɛːkaːrnu]
el hospital	**nemocnici** [nɛmotsnɪtsɪ]

la comisaría	**policejní stanici** [polɪtsɛjniː stanɪtsɪ]
el metro	**metro** [mɛtro]

un taxi	**taxík**
	[taksi:k]
la estación de tren	**vlakové nádraží**
	[vlakovɛ: na:draʒi:]

Me llamo …	**Jmenuju se …**
	[jmɛnuju sɛ …]
¿Cómo se llama?	**Jak se jmenujete?**
	[jak sɛ jmɛnujɛtɛ?]
¿Puede ayudarme, por favor?	**Můžete mi prosím pomoct?**
	[mu:ʒetɛ mɪ prosi:m pomotst?]
Tengo un problema.	**Mám problém.**
	[ma:m problɛ:m]
Me encuentro mal.	**Necítím se dobře.**
	[nɛtsi:ti:m sɛ dobrʒɛ]
¡Llame a una ambulancia!	**Zavolejte sanitku!**
	[zavolɛjtɛ sanɪtku!]
¿Puedo llamar, por favor?	**Můžu si zavolat?**
	[mu:ʒu sɪ zavolat?]

Lo siento.	**Omlouvám se.**
	[omlouva:m sɛ]
De nada.	**Není zač.**
	[nɛni: zatʃ]

Yo	**Já**
	[ja:]
tú	**ty**
	[tɪ]
él	**on**
	[on]
ella	**ona**
	[ona]
ellos	**oni**
	[onɪ]
ellas	**ony**
	[onɪ]
nosotros /nosotras/	**my**
	[mɪ]
ustedes, vosotros	**vy**
	[vɪ]
usted	**vy**
	[vɪ]

ENTRADA	**VCHOD**
	[vxot]
SALIDA	**VÝCHOD**
	[vi:xot]
FUERA DE SERVICIO	**MIMO PROVOZ**
	[mɪmo provos]
CERRADO	**ZAVŘENO**
	[zavrʒɛno]

ABIERTO

PARA SEÑORAS

PARA CABALLEROS

OTEVŘENO
[otɛvrʒɛno]

ŽENY
[ʒenɪ]

MUŽI
[muʒɪ]

VOCABULARIO TEMÁTICO

Esta sección contiene más
de 3.000 de las palabras más
importantes. El diccionario
le proporcionará una ayuda
inestimable mientras viaja al
extranjero, porque las palabras
individuales son a menudo
suficientes para que
le entiendan.
El diccionario incluye una
transcripción adecuada
de cada palabra extranjera

T&P Books Publishing

CONTENIDO
DEL DICCIONARIO

T&P Books Publishing

T&P BOOKS

CONCEPTOS BÁSICOS

T&P Books Publishing

1. Los pronombres

yo	**já**	[ja:]
tú	**ty**	[tɪ]
él	**on**	[on]
ella	**ona**	[ona]
nosotros, -as	**my**	[mɪ]
vosotros, -as	**vy**	[vɪ]
ellos, ellas (inanim.)	**ony**	[onɪ]
ellos, ellas (anim.)	**oni**	[onɪ]

2. Saludos. Salutaciones

¡Hola! (fam.)	**Dobrý den!**	[dobri: dɛn]
¡Hola! (form.)	**Dobrý den!**	[dobri: dɛn]
¡Buenos días!	**Dobré jitro!**	[dobrɛ: jɪtro]
¡Buenas tardes!	**Dobrý den!**	[dobri: dɛn]
¡Buenas noches!	**Dobrý večer!**	[dobri: vɛtʃɛr]
decir hola	**zdravit**	[zdravɪt]
¡Hola! (a un amigo)	**Ahoj!**	[ahoj]
saludo (m)	**pozdrav** (m)	[pozdraf]
saludar (vt)	**zdravit**	[zdravɪt]
¿Cómo estás?	**Jak se máte?**	[jak sɛ ma:tɛ]
¿Qué hay de nuevo?	**Co je nového?**	[ʦo jɛ novɛ:ho]
¡Chau! ¡Adiós!	**Na shledanou!**	[na sxlɛdanou]
¡Hasta pronto!	**Brzy na shledanou!**	[brzɪ na sxlɛdanou]
¡Adiós!	**Sbohem!**	[zbohɛm]
despedirse (vr)	**loučit se**	[loutʃɪt sɛ]
¡Hasta luego!	**Ahoj!**	[ahoj]
¡Gracias!	**Děkuji!**	[dekujɪ]
¡Muchas gracias!	**Děkuji mnohokrát!**	[dekujɪ mnohokra:t]
De nada	**Prosím**	[prosi:m]
No hay de qué	**Nemoci se dočkat**	[nɛmoʦɪ sɛ dotʃkat]
De nada	**Není zač**	[nɛni: zatʃ]
¡Disculpa!	**Promiň!**	[promɪnʲ]
¡Disculpe!	**Promiňte!**	[promɪnʲtɛ]
disculpar (vt)	**omlouvat**	[omlouvat]
disculparse (vr)	**omlouvat se**	[omlouvat sɛ]

Mis disculpas	Má soustrast	[ma: soustrast]
¡Perdóneme!	Promiňte!	[promɪnʲtɛ]
perdonar (vt)	omlouvat	[omlouvat]
por favor	prosím	[prosi:m]

¡No se le olvide!	Nezapomeňte!	[nɛzapomɛnʲtɛ]
¡Ciertamente!	Jistě!	[jɪste]
¡Claro que no!	Rozhodně ne!	[rozhodne nɛ]
¡De acuerdo!	Souhlasím!	[souhlasi:m]
¡Basta!	Dost!	[dost]

3. Las preguntas

¿Quién?	Kdo?	[gdo]
¿Qué?	Co?	[ʦo]
¿Dónde?	Kde?	[gdɛ]
¿Adónde?	Kam?	[kam]
¿De dónde?	Odkud?	[otkut]
¿Cuándo?	Kdy?	[gdɪ]
¿Para qué?	Proč?	[proʧ]
¿Por qué?	Proč?	[proʧ]

¿Por qué razón?	Na co?	[na ʦo]
¿Cómo?	Jak?	[jak]
¿Qué …? (~ color)	Jaký?	[jaki:]
¿Cuál?	Který?	[ktɛri:]

¿A quién?	Komu?	[komu]
¿De quién? (~ hablan …)	O kom?	[o kom]
¿De qué?	O čem?	[o ʧɛm]
¿Con quién?	S kým?	[s ki:m]

| ¿Cuánto? | Kolik? | [kolɪk] |
| ¿De quién? (~ es este …) | Čí? | [ʧi:] |

4. Las preposiciones

con … (~ algn)	s, se	[s], [sɛ]
sin … (~ azúcar)	bez	[bɛz]
a … (p.ej. voy a México)	do	[do]
de … (hablar ~)	o	[o]
antes de …	před	[prʃɛt]
delante de …	před	[prʃɛt]

debajo	pod	[pot]
sobre …, encima de …	nad	[nat]
en, sobre (~ la mesa)	na	[na]
de (origen)	z	[z]

de (fabricado de)	z	[z]
dentro de …	za	[za]
encima de …	přes	[prʃɛs]

5. Las palabras útiles. Los adverbios. Unidad 1

¿Dónde?	Kde?	[gdɛ]
aquí (adv)	zde	[zdɛ]
allí (adv)	tam	[tam]

| en alguna parte | někde | [negdɛ] |
| en ninguna parte | nikde | [nɪgdɛ] |

| junto a … | u … | [u] |
| junto a la ventana | u okna | [u okna] |

¿A dónde?	Kam?	[kam]
aquí (venga ~)	sem	[sɛm]
allí (vendré ~)	tam	[tam]
de aquí (adv)	odsud	[otsut]
de allí (adv)	odtamtud	[odtamtut]

| cerca (no lejos) | blízko | [bli:sko] |
| lejos (adv) | daleko | [dalɛko] |

cerca de …	kolem	[kolɛm]
al lado (de …)	poblíž	[pobli:ʒ]
no lejos (adv)	nedaleko	[nɛdalɛko]

izquierdo (adj)	levý	[lɛvi:]
a la izquierda (situado ~)	zleva	[zlɛva]
a la izquierda (girar ~)	vlevo	[vlɛvo]

derecho (adj)	pravý	[pravi:]
a la derecha (situado ~)	zprava	[sprava]
a la derecha (girar)	vpravo	[vpravo]

delante (yo voy ~)	zpředu	[sprʃɛdu]
delantero (adj)	přední	[prʃɛdni:]
adelante (movimiento)	vpřed	[vprʃɛt]

detrás de …	za	[za]
desde atrás	zezadu	[zɛzadu]
atrás (da un paso ~)	zpět	[spet]

| centro (m), medio (m) | střed (m) | [strʃɛt] |
| en medio (adv) | uprostřed | [uprostrʃɛt] |

| de lado (adv) | z boku | [z boku] |
| en todas partes | všude | [vʃudɛ] |

alrededor (adv)	kolem	[kolɛm]
de dentro (adv)	zevnitř	[zɛvnɪtrʃ]
a alguna parte	někam	[nekam]
todo derecho (adv)	přímo	[prʃi:mo]
atrás (muévelo para ~)	zpět	[spet]

de alguna parte (adv)	odněkud	[odnekut]
no se sabe de dónde	odněkud	[odnekut]

primero (adv)	za prvé	[za prvɛ:]
segundo (adv)	za druhé	[za druhɛ:]
tercero (adv)	za třetí	[za trʃɛti:]

de súbito (adv)	najednou	[najɛdnou]
al principio (adv)	zpočátku	[spotʃa:tku]
por primera vez	poprvé	[poprvɛ:]
mucho tiempo antes ...	dávno před ...	[da:vno prʃɛt]
de nuevo (adv)	znovu	[znovu]
para siempre (adv)	navždy	[navʒdɪ]

jamás, nunca (adv)	nikdy	[nɪgdɪ]
de nuevo (adv)	opět	[opet]
ahora (adv)	nyní	[nɪni:]
frecuentemente (adv)	často	[tʃasto]
entonces (adv)	tehdy	[tɛhdɪ]
urgentemente (adv)	neodkladně	[nɛotkladne]
usualmente (adv)	obyčejně	[obɪtʃɛjne]

a propósito, ...	mimochodem	[mɪmoxodɛm]
es probable	možná	[moʒna:]
probablemente (adv)	asi	[asɪ]
tal vez	možná	[moʒna:]
además ...	kromě toho ...	[kromne toho]
por eso ...	proto ...	[proto]
a pesar de ...	nehledě na ...	[nɛhlɛde na]
gracias a ...	díky ...	[di:kɪ]

qué (pron)	co	[tso]
que (conj)	že	[ʒe]
algo (~ le ha pasado)	něco	[netso]
algo (~ así)	něco	[netso]
nada (f)	nic	[nɪts]

quien	kdo	[gdo]
alguien (viene ~)	někdo	[negdo]
alguien (¿ha llamado ~?)	někdo	[negdo]

nadie	nikdo	[nɪgdo]
a ninguna parte	nikam	[nɪkam]
de nadie	ničí	[nɪtʃi:]
de alguien	něčí	[netʃi:]
tan, tanto (adv)	tak	[tak]

| también (~ habla francés) | také | [takɛ:] |
| también (p.ej. Yo ~) | také | [takɛ:] |

6. Las palabras útiles. Los adverbios. Unidad 2

¿Por qué?	Proč?	[protʃ]
no se sabe porqué	z nějakých důvodů	[z nejaki:x du:vodu:]
porque ...	protože ...	[protoʒe]
por cualquier razón (adv)	z nějakých důvodů	[z nejaki:x du:vodu:]

y (p.ej. uno y medio)	a	[a]
o (p.ej. té o café)	nebo	[nɛbo]
pero (p.ej. me gusta, ~)	ale	[alɛ]
para (p.ej. es para ti)	pro	[pro]

demasiado (adv)	příliš	[prʃi:lɪʃ]
sólo, solamente (adv)	jenom	[jɛnom]
exactamente (adv)	přesně	[prʃesne]
unos ...,	kolem	[kolɛm]
cerca de ... (~ 10 kg)		

aproximadamente	přibližně	[prʃɪblɪʒne]
aproximado (adj)	přibližný	[prʃɪblɪʒni:]
casi (adv)	skoro	[skoro]
resto (m)	zbytek (m)	[zbɪtɛk]

cada (adj)	každý	[kaʒdi:]
cualquier (adj)	každý	[kaʒdi:]
mucho (adv)	mnoho	[mnoho]
muchos (mucha gente)	mnozí	[mnozi:]
todos	všichni	[vʃɪxnɪ]

a cambio de ...	výměnou za ...	[vi:mnenou za]
en cambio (adv)	místo	[mi:sto]
a mano (hecho ~)	ručně	[rutʃne]
poco probable	sotva	[sotva]

probablemente	asi	[asɪ]
a propósito (adv)	schválně	[sxva:lne]
por accidente (adv)	náhodou	[na:hodou]

muy (adv)	velmi	[vɛlmɪ]
por ejemplo (adv)	například	[naprʃi:klat]
entre (~ nosotros)	mezi	[mɛzɪ]
entre (~ otras cosas)	mezi	[mɛzɪ]
tanto (~ gente)	tolik	[tolɪk]
especialmente (adv)	zejména	[zɛjmɛ:na]

NÚMEROS. MISCELÁNEA

T&P Books Publishing

cero	nula (ž)	[nula]
uno	jeden	[jɛdɛn]
dos	dva	[dva]
tres	tři	[trʃɪ]
cuatro	čtyři	[ʧtɪrʒɪ]

cinco	pět	[pet]
seis	šest	[ʃɛst]
siete	sedm	[sɛdm]
ocho	osm	[osm]
nueve	devět	[dɛvet]

diez	deset	[dɛsɛt]
once	jedenáct	[jɛdɛna:tst]
doce	dvanáct	[dvana:tst]
trece	třináct	[trʃɪna:tst]
catorce	čtrnáct	[ʧtrna:tst]

quince	patnáct	[patna:tst]
dieciséis	šestnáct	[ʃɛstna:tst]
diecisiete	sedmnáct	[sɛdmna:tst]
dieciocho	osmnáct	[osmna:tst]
diecinueve	devatenáct	[dɛvatɛna:tst]

veinte	dvacet	[dvatsɛt]
veintiuno	dvacet jeden	[dvatsɛt jɛdɛn]
veintidós	dvacet dva	[dvatsɛt dva]
veintitrés	dvacet tři	[dvatsɛt trʃɪ]

treinta	třicet	[trʃɪtsɛt]
treinta y uno	třicet jeden	[trʃɪtsɛt jɛdɛn]
treinta y dos	třicet dva	[trʃɪtsɛt dva]
treinta y tres	třicet tři	[trʃɪtsɛt trʃɪ]

cuarenta	čtyřicet	[ʧtɪrʒɪtsɛt]
cuarenta y uno	čtyřicet jeden	[ʧtɪrʒɪtsɛt jɛdɛn]
cuarenta y dos	čtyřicet dva	[ʧtɪrʒɪtsɛt dva]
cuarenta y tres	čtyřicet tři	[ʧtɪrʒɪtsɛt trʃɪ]

cincuenta	padesát	[padesa:t]
cincuenta y uno	padesát jeden	[padesa:t jɛdɛn]
cincuenta y dos	padesát dva	[padesa:t dva]
cincuenta y tres	padesát tři	[padesa:t trʃɪ]
sesenta	šedesát	[ʃɛdɛsa:t

sesenta y uno	šedesát jeden	[ʃɛdɛsaːt jɛdɛn]
sesenta y dos	šedesát dva	[ʃɛdɛsaːt dva]
sesenta y tres	šedesát tři	[ʃɛdɛsaːt trʃɪ]
setenta	sedmdesát	[sɛdmdɛsaːt
setenta y uno	sedmdesát jeden	[sɛdmdɛsaːt jɛdɛn]
setenta y dos	sedmdesát dva	[sɛdmdɛsaːt dva]
setenta y tres	sedmdesát tři	[sɛdmdɛsaːt trʃɪ]
ochenta	osmdesát	[osmdɛsaːt
ochenta y uno	osmdesát jeden	[osmdɛsaːt jɛdɛn]
ochenta y dos	osmdesát dva	[osmdɛsaːt dva]
ochenta y tres	osmdesát tři	[osmdɛsaːt trʃɪ]
noventa	devadesát	[dɛvadɛsaːt
noventa y uno	devadesát jeden	[dɛvadɛsaːt jɛdɛn]
noventa y dos	devadesát dva	[dɛvadɛsaːt dva]
noventa y tres	devadesát tři	[dɛvadɛsaːt trʃɪ]

8. Números cardinales. Unidad 2

cien	sto	[sto]
doscientos	dvě stě	[dve ste]
trescientos	tři sta	[trʃɪ sta]
cuatrocientos	čtyři sta	[tʃtɪrʒɪ sta]
quinientos	pět set	[pet sɛt]
seiscientos	šest set	[ʃɛst sɛt]
setecientos	sedm set	[sɛdm sɛt]
ochocientos	osm set	[osm sɛt]
novecientos	devět set	[dɛvet sɛt]
mil	tisíc (m)	[tɪsiːʦ]
dos mil	dva tisíce	[dva tɪsiːʦɛ]
tres mil	tři tisíce	[trʃɪ tɪsiːʦɛ]
diez mil	deset tisíc	[dɛsɛt tɪsiːʦ]
cien mil	sto tisíc	[sto tɪsiːʦ]
millón (m)	milión (m)	[mɪlɪoːn]
mil millones	miliarda (ž)	[mɪlɪarda]

9. Números ordinales

primero (adj)	první	[prvniː]
segundo (adj)	druhý	[druhiː]
tercero (adj)	třetí	[trʃɛtiː]
cuarto (adj)	čtvrtý	[tʃtvrtiː]
quinto (adj)	pátý	[paːtiː]
sexto (adj)	šestý	[ʃɛstiː]

séptimo (adj)	**sedmý**	[sɛdmi:]
octavo (adj)	**osmý**	[osmi:]
noveno (adj)	**devátý**	[dɛva:ti:]
décimo (adj)	**desátý**	[dɛsa:ti:]

T&P BOOKS

LOS COLORES.
LAS UNIDADES DE MEDIDA

T&P Books Publishing

10. Los colores

color (m)	**barva** (ž)	[barva]
matiz (m)	**odstín** (m)	[otsti:n]
tono (m)	**tón** (m)	[to:n]
arco (m) iris	**duha** (ž)	[duha]
blanco (adj)	**bílý**	[bi:li:]
negro (adj)	**černý**	[tʃɛrni:]
gris (adj)	**šedý**	[ʃɛdi:]
verde (adj)	**zelený**	[zɛlɛni:]
amarillo (adj)	**žlutý**	[ʒluti:]
rojo (adj)	**červený**	[tʃɛrvɛni:]
azul (adj)	**modrý**	[modri:]
azul claro (adj)	**bledě modrý**	[blɛdɛ modri:]
rosa (adj)	**růžový**	[ru:ʒovi:]
naranja (adj)	**oranžový**	[oranʒovi:]
violeta (adj)	**fialový**	[fɪalovi:]
marrón (adj)	**hnědý**	[hnedi:]
dorado (adj)	**zlatý**	[zlati:]
argentado (adj)	**stříbřitý**	[strʃi:brʒɪti:]
beige (adj)	**béžový**	[bɛ:ʒovi:]
crema (adj)	**krémový**	[krɛ:movi:]
turquesa (adj)	**tyrkysový**	[tɪrkɪsovi:]
rojo cereza (adj)	**višňový**	[vɪʃɲʲovi:]
lila (adj)	**lila**	[lɪla]
carmesí (adj)	**malinový**	[malɪnovi:]
claro (adj)	**světlý**	[svetli:]
oscuro (adj)	**tmavý**	[tmavi:]
vivo (adj)	**jasný**	[jasni:]
de color (lápiz ~)	**barevný**	[barɛvni:]
en colores (película ~)	**barevný**	[barɛvni:]
blanco y negro (adj)	**černobílý**	[tʃɛrnobi:li:]
unicolor (adj)	**jednobarevný**	[jɛdnobarɛvni:]
multicolor (adj)	**různobarevný**	[ru:znobarɛvni:]

11. Las unidades de medida

peso (m)	**váha** (ž)	[va:ha]
longitud (f)	**délka** (ž)	[dɛ:lka]

anchura (f)	šířka (ž)	[ʃiːrʃka]
altura (f)	výška (ž)	[viːʃka]
profundidad (f)	hloubka (ž)	[hloupka]
volumen (m)	objem (m)	[objɛm]
área (f)	plocha (ž)	[ploxa]

gramo (m)	gram (m)	[gram]
miligramo (m)	miligram (m)	[mɪlɪgram]
kilogramo (m)	kilogram (m)	[kɪlogram]
tonelada (f)	tuna (ž)	[tuna]
libra (f)	libra (ž)	[lɪbra]
onza (f)	unce (ž)	[untsɛ]

metro (m)	metr (m)	[mɛtr]
milímetro (m)	milimetr (m)	[mɪlɪmɛtr]
centímetro (m)	centimetr (m)	[tsɛntɪmɛtr]
kilómetro (m)	kilometr (m)	[kɪlomɛtr]
milla (f)	míle (ž)	[miːlɛ]

pulgada (f)	coul (m)	[tsoul]
pie (m)	stopa (ž)	[stopa]
yarda (f)	yard (m)	[jart]

metro (m) cuadrado	čtvereční metr (m)	[tʃtvɛrɛtʃniː mɛtr]
hectárea (f)	hektar (m)	[hɛktar]
litro (m)	litr (m)	[lɪtr]
grado (m)	stupeň (m)	[stupɛnʲ]
voltio (m)	volt (m)	[volt]
amperio (m)	ampér (m)	[ampɛːr]
caballo (m) de fuerza	koňská síla (ž)	[konʲska: siːla]

cantidad (f)	množství (s)	[mnoʒstviː]
un poco de …	trochu …	[troxu]
mitad (f)	polovina (ž)	[polovɪna]
docena (f)	tucet (m)	[tutsɛt]
pieza (f)	kus (m)	[kus]

dimensión (f)	rozměr (m)	[rozmnɛr]
escala (f) (del mapa)	měřítko (s)	[mnɛrʒiːtko]

mínimo (adj)	minimální	[mɪnɪmaːlniː]
el más pequeño (adj)	nejmenší	[nɛjmɛnʃiː]
medio (adj)	střední	[strʃɛdniː]
máximo (adj)	maximální	[maksɪmaːlniː]
el más grande (adj)	největší	[nɛjvetʃiː]

12. Contenedores

tarro (m) de vidrio	sklenice (ž)	[sklɛnɪtsɛ]
lata (f)	plechovka (ž)	[plɛxofka]

cubo (m)	**vědro** (s)	[vedro]
barril (m)	**sud** (m)	[sut]
palangana (f)	**mísa** (ž)	[mi:sa]
tanque (m)	**nádrž** (ž)	[na.dɪʃ]
petaca (f) (de alcohol)	**plochá láhev** (ž)	[ploxa: la:gɛf]
bidón (m) de gasolina	**kanystr** (m)	[kanɪstr]
cisterna (f)	**cisterna** (ž)	[ʦɪstɛrna]
taza (f) (mug de cerámica)	**hrníček** (m)	[hrni:tʃɛk]
taza (f) (~ de café)	**šálek** (m)	[ʃa:lɛk]
platillo (m)	**talířek** (m)	[tali:rʒɛk]
vaso (m) (~ de agua)	**sklenice** (ž)	[sklɛnɪʦɛ]
copa (f) (~ de vino)	**sklenka** (ž)	[sklɛŋka]
olla (f)	**hrnec** (m)	[hrnɛʦ]
botella (f)	**láhev** (ž)	[la:hɛf]
cuello (m) de botella	**hrdlo** (s)	[hrdlo]
garrafa (f)	**karafa** (ž)	[karafa]
jarro (m) (~ de agua)	**džbán** (m)	[dʒba:n]
recipiente (m)	**nádoba** (ž)	[na:doba]
tarro (m)	**hrnec** (m)	[hrnɛʦ]
florero (m)	**váza** (ž)	[va:za]
frasco (m) (~ de perfume)	**flakón** (m)	[flako:n]
frasquito (m)	**lahvička** (ž)	[lahvɪtʃka]
tubo (m)	**tuba** (ž)	[tuba]
saco (m) (~ de azúcar)	**pytel** (m)	[pɪtɛl]
bolsa (f) (~ plástica)	**sáček** (m)	[sa:tʃɛk]
paquete (m) (~ de cigarrillos)	**balíček** (m)	[bali:tʃɛk]
caja (f)	**krabice** (ž)	[krabɪʦɛ]
cajón (m) (~ de madera)	**schránka** (ž)	[sxra:ŋka]
cesta (f)	**koš** (m)	[koʃ]

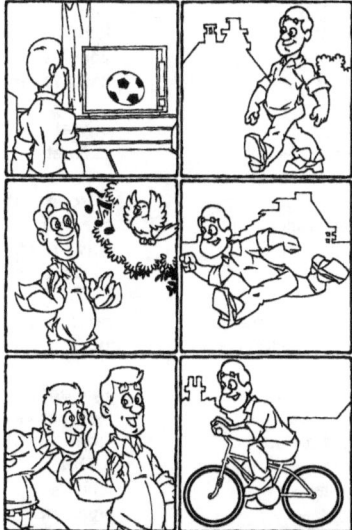

LOS VERBOS
MÁS IMPORTANTES

T&P Books Publishing

abrir (vt)	otvírat	[otvi:rat]
acabar, terminar (vt)	končit	[kontʃɪt]
aconsejar (vt)	radit	[radɪt]
adivinar (vt)	rozluštit	[rozluʃtɪt]
advertir (vt)	upozorňovat	[upozorniovat]
alabarse, jactarse (vr)	vychloubat se	[vɪxloubat sɛ]
almorzar (vi)	obědvat	[obedvat]
alquilar (~ una casa)	pronajímat si	[pronaji:mat sɪ]
amenazar (vt)	vyhrožovat	[vɪhroʒovat]
arrepentirse (vr)	litovat	[lɪtovat]
ayudar (vt)	pomáhat	[poma:hat]
bañarse (vr)	koupat se	[koupat sɛ]
bromear (vi)	žertovat	[ʒertovat]
buscar (vt)	hledat	[hlɛdat]
caer (vi)	padat	[padat]
callarse (vr)	mlčet	[mlʧɛt]
cambiar (vt)	změnit	[zmnenɪt]
castigar, punir (vt)	trestat	[trɛstat]
cavar (vt)	rýt	[ri:t]
cazar (vi, vt)	lovit	[lovɪt]
cenar (vi)	večeřet	[vɛʧɛrʒɛt]
cesar (vt)	zastavovat	[zastavovat]
coger (vt)	chytat	[xɪtat]
comenzar (vt)	začínat	[zaʧi:nat]
comparar (vt)	porovnávat	[porovna:vat]
comprender (vt)	rozumět	[rozumnet]
confiar (vt)	důvěřovat	[du:verʒovat]
confundir (vt)	plést	[plɛ:st]
conocer (~ a alguien)	znát	[zna:t]
contar (vt) (enumerar)	počítat	[potʃi:tat]
contar con …	spoléhat na …	[spolɛ:hat na]
continuar (vt)	pokračovat	[pokraʧovat]
controlar (vt)	kontrolovat	[kontrolovat]
correr (vi)	běžet	[beʒet]
costar (vt)	stát	[sta:t]
crear (vt)	vytvořit	[vɪtvorʒɪt]

14. Los verbos más importantes. Unidad 2

dar (vt)	dávat	[daːvat]
dar una pista	narážet	[naraːʒet]
decir (vt)	říci	[r̝iːts]
decorar (para la fiesta)	zdobit	[zdobɪt]

defender (vt)	bránit	[braːnɪt]
dejar caer	pouštět	[pouʃtet]
desayunar (vi)	snídat	[sniːdat]
descender (vi)	jít dolů	[jiːt doluː]

dirigir (administrar)	řídit	[r̝iːdɪt]
disculparse (vr)	omlouvat se	[omlouvat sɛ]
discutir (vt)	projednávat	[projɛdnaːvat]
dudar (vt)	pochybovat	[poxɪbovat]

encontrar (hallar)	nacházet	[naxaːzɛt]
engañar (vi, vt)	podvádět	[podvaːdet]
entrar (vi)	vcházet	[vxaːzet]
enviar (vt)	odesílat	[odɛsiːlat]

equivocarse (vr)	mýlit se	[miːlɪt sɛ]
escoger (vt)	vybírat	[vɪbiːrat]
esconder (vt)	schovávat	[sxovaːvat]
escribir (vt)	psát	[psaːt]
esperar (aguardar)	čekat	[tʃɛkat]

esperar (tener esperanza)	doufat	[doufat]
estar de acuerdo	souhlasit	[souhlasɪt]
estudiar (vt)	studovat	[studovat]

exigir (vt)	žádat	[ʒaːdat]
existir (vi)	existovat	[ɛgzɪstovat]
explicar (vt)	vysvětlovat	[vɪsvetlovat]
faltar (a las clases)	zameškávat	[zameʃkaːvat]
firmar (~ el contrato)	podepisovat	[podɛpɪsovat]

girar (~ a la izquierda)	zatáčet	[zataːtʃet]
gritar (vi)	křičet	[kr̝ɪtʃɛt]
guardar (conservar)	zachovávat	[zaxovaːvat]
gustar (vi)	líbit se	[liːbɪt sɛ]
hablar (vi, vt)	mluvit	[mluvɪt]

hacer (vt)	dělat	[delat]
informar (vt)	informovat	[ɪnformovat]
insistir (vi)	trvat	[trvat]
insultar (vt)	urážet	[uraːʒet]

| interesarse (vr) | zajímat se | [zajiːmat sɛ] |
| invitar (vt) | zvát | [zvaːt] |

ir (a pie)	jít	[ji:t]
jugar (divertirse)	hrát	[hra:t]

15. Los verbos más importantes. Unidad 3

leer (vi, vt)	číst	[ʧi:st]
liberar (ciudad, etc.)	osvobozovat	[osvobozovat]
llamar (por ayuda)	volat	[volat]
llegar (vi)	přijíždět	[prʃɪji:ʒdet]
llorar (vi)	plakat	[plakat]

matar (vt)	zabíjet	[zabi:jɛt]
mencionar (vt)	zmiňovat se	[zmɪnʲovat sɛ]
mostrar (vt)	ukazovat	[ukazovat]
nadar (vi)	plavat	[plavat]

negarse (vr)	odmítat	[odmi:tat]
objetar (vt)	namítat	[nami:tat]
observar (vt)	pozorovat	[pozorovat]
oír (vt)	slyšet	[slɪʃɛt]

olvidar (vt)	zapomínat	[zapomi:nat]
orar (vi)	modlit se	[modlɪt sɛ]
ordenar (mil.)	rozkazovat	[roskazovat]
pagar (vi, vt)	platit	[platɪt]
pararse (vr)	zastavovat se	[zastavovat sɛ]

participar (vi)	zúčastnit se	[zu:ʧastnɪt sɛ]
pedir (ayuda, etc.)	prosit	[prosɪt]
pedir (en restaurante)	objednávat	[objɛdna:vat]
pensar (vi, vt)	myslit	[mɪslɪt]

percibir (ver)	všímat si	[vʃi:mat sɪ]
perdonar (vt)	odpouštět	[otpouʃtet]
permitir (vt)	dovolovat	[dovolovat]
pertenecer a …	patřit	[patrʃɪt]

planear (vt)	plánovat	[pla:novat]
poder (v aux)	moci	[moʦɪ]
poseer (vt)	vlastnit	[vlastnɪt]
preferir (vt)	dávat přednost	[da:vat prʃɛdnost]
preguntar (vt)	ptát se	[pta:t sɛ]

preparar (la cena)	vařit	[varʒɪt]
prever (vt)	předvídat	[prʃɛdvi:dat]
probar, tentar (vt)	zkoušet	[skouʃɛt]
prometer (vt)	slibovat	[slɪbovat]
pronunciar (vt)	vyslovovat	[vɪslovovat]
proponer (vt)	nabízet	[nabi:zɛt]
quebrar (vt)	lámat	[la:mat]

quejarse (vr)	stěžovat si	[steʒovat sɪ]
querer (amar)	milovat	[mɪlovat]
querer (desear)	chtít	[xti:t]

16. Los verbos más importantes. Unidad 4

recomendar (vt)	doporučovat	[doporutʃovat]
regañar, reprender (vt)	nadávat	[nada:vat]
reírse (vr)	smát se	[sma:t sɛ]
repetir (vt)	opakovat	[opakovat]
reservar (~ una mesa)	rezervovat	[rɛzɛrvovat]
responder (vi, vt)	odpovídat	[otpovi:dat]

robar (vt)	krást	[kra:st]
saber (~ algo mas)	vědět	[vedet]
salir (vi)	vycházet	[vɪxa:zɛt]
salvar (vt)	zachraňovat	[zaxranʲovat]
seguir ...	následovat	[na:slɛdovat]
sentarse (vr)	sednout si	[sɛdnout sɪ]

ser necesario	být potřebný	[bi:t potrʃɛbni:]
ser, estar (vi)	být	[bi:t]
significar (vt)	znamenat	[znamɛnat]
sonreír (vi)	usmívat se	[usmi:vat sɛ]
sorprenderse (vr)	divit se	[dɪvɪt sɛ]

subestimar (vt)	podceňovat	[podtsɛnʲovat]
tener (vt)	mít	[mi:t]
tener hambre	mít hlad	[mi:t hlat]
tener miedo	bát se	[ba:t sɛ]

tener prisa	spěchat	[spexat]
tener sed	mít žízeň	[mi:t ʒi:zɛnʲ]
tirar, disparar (vi)	střílet	[strʃi:lɛt]
tocar (con las manos)	dotýkat se	[doti:kat sɛ]
tomar (vt)	brát	[bra:t]
tomar nota	zapisovat si	[zapɪsovat sɪ]

trabajar (vi)	pracovat	[pratsovat]
traducir (vt)	překládat	[prʃɛkla:dat]
unir (vt)	sjednocovat	[sjɛdnotsovat]
vender (vt)	prodávat	[proda:vat]
ver (vt)	vidět	[vɪdet]
volar (pájaro, avión)	letět	[lɛtet]

LA HORA. EL CALENDARIO

T&P Books Publishing

17. Los días de la semana

lunes (m)	**pondělí** (s)	[pondeli:]
martes (m)	**úterý** (s)	[u:tɛri:]
miércoles (m)	**středa** (ž)	[strʃɛda]
jueves (m)	**čtvrtek** (m)	[tʃtvrtɛk]
viernes (m)	**pátek** (m)	[pa:tɛk]
sábado (m)	**sobota** (ž)	[sobota]
domingo (m)	**neděle** (ž)	[nɛdelɛ]

hoy (adv)	**dnes**	[dnɛs]
mañana (adv)	**zítra**	[zi:tra]
pasado mañana	**pozítří**	[pozi:trʃi:]
ayer (adv)	**včera**	[vtʃɛra]
anteayer (adv)	**předevčírem**	[prʃɛdɛvtʃi:rɛm]

día (m)	**den** (m)	[dɛn]
día (m) de trabajo	**pracovní den** (m)	[pratsovni: dɛn]
día (m) de fiesta	**sváteční den** (m)	[sva:tɛtʃni: dɛn]
día (m) de descanso	**volno** (s)	[volno]
fin (m) de semana	**víkend** (m)	[vi:kɛnt]

todo el día	**celý den**	[tsɛli: dɛn]
al día siguiente	**příští den**	[prʃi:ʃti: dɛn]
dos días atrás	**před dvěma dny**	[prʃɛd dvɛma dnɪ]
en vísperas (adv)	**den předtím**	[dɛn prʃɛdti:m]
diario (adj)	**denní**	[dɛnni:]
cada día (adv)	**denně**	[dɛnne]

semana (f)	**týden** (m)	[ti:dɛn]
semana (f) pasada	**minulý týden**	[mɪnuli: ti:dɛn]
semana (f) que viene	**příští týden**	[prʃi:ʃti: ti:dɛn]
semanal (adj)	**týdenní**	[ti:dɛnni:]
cada semana (adv)	**týdně**	[ti:dne]
2 veces por semana	**dvakrát týdně**	[dvakra:t ti:dne]
todos los martes	**každé úterý**	[kaʒdɛ: u:tɛri:]

18. Las horas. El día y la noche

mañana (f)	**ráno** (s)	[ra:no]
por la mañana	**ráno**	[ra:no]
mediodía (m)	**poledne** (s)	[polɛdnɛ]
por la tarde	**odpoledne**	[otpolɛdnɛ]
noche (f)	**večer** (m)	[vɛtʃɛr]

por la noche	večer	[vɛtʃɛr]
noche (f) (p.ej. 2:00 a.m.)	noc (ž)	[nots]
por la noche	v noci	[v notsɪ]
medianoche (f)	půlnoc (ž)	[pu:lnots]

segundo (m)	sekunda (ž)	[sɛkunda]
minuto (m)	minuta (ž)	[mɪnuta]
hora (f)	hodina (ž)	[hodɪna]
media hora (f)	půlhodina (ž)	[pu:lhodɪna]
cuarto (m) de hora	čtvrthodina (ž)	[tʃtvrthodɪna]
quince minutos	patnáct minut	[patna:tst mɪnut]
veinticuatro horas	den a noc	[dɛn a nots]

salida (f) del sol	východ (m) slunce	[vi:xod sluntsɛ]
amanecer (m)	úsvit (m)	[u:svɪt]
madrugada (f)	časné ráno (s)	[tʃasnɛ: ra:no]
puesta (f) del sol	západ (m) slunce	[za:pat sluntsɛ]

de madrugada	brzy ráno	[brzɪ ra:no]
esta mañana	dnes ráno	[dnɛs ra:no]
mañana por la mañana	zítra ráno	[zi:tra ra:no]

esta tarde	dnes odpoledne	[dnɛs otpolɛdnɛ]
por la tarde	odpoledne	[otpolɛdnɛ]
mañana por la tarde	zítra odpoledne	[zi:tra otpolɛdnɛ]

| esta noche (p.ej. 8:00 p.m.) | dnes večer | [dnɛs vɛtʃɛr] |
| mañana por la noche | zítra večer | [zi:tra vɛtʃɛr] |

a las tres en punto	přesně ve tři hodiny	[prʃesne vɛ trʃɪ hodɪnɪ]
a eso de las cuatro	kolem čtyř hodin	[kolɛm tʃtɪrʒ hodɪn]
para las doce	do dvanácti hodin	[do dvana:tstɪ hodɪn]

dentro de veinte minutos	za dvacet minut	[za dvatsɛt mɪnut]
dentro de una hora	za hodinu	[za hodɪnu]
a tiempo (adv)	včas	[vtʃas]

... menos cuarto	tři čtvrtě	[trʃɪ tʃtvrte]
durante una hora	během hodiny	[behɛm hodɪnɪ]
cada quince minutos	každých patnáct minut	[kaʒdi:x patna:tst mɪnut]
día y noche	celodenně	[tsɛlodɛnne]

19. Los meses. Las estaciones

enero (m)	leden (m)	[lɛdɛn]
febrero (m)	únor (m)	[u:nor]
marzo (m)	březen (m)	[brʒezɛn]
abril (m)	duben (m)	[dubɛn]
mayo (m)	květen (m)	[kvetɛn]

junio (m)	červen (m)	[tʃɛrvɛn]
julio (m)	červenec (m)	[tʃɛrvɛnɛts]
agosto (m)	srpen (m)	[srpɛn]
septiembre (m)	září (s)	[za:rʒi:]
octubre (m)	říjen (m)	[rʲijɐn]
noviembre (m)	listopad (m)	[lɪstopat]
diciembre (m)	prosinec (m)	[prosɪnɛts]
primavera (f)	jaro (s)	[jaro]
en primavera	na jaře	[na jarʒɛ]
de primavera (adj)	jarní	[jarni:]
verano (m)	léto (s)	[lɛ:to]
en verano	v létě	[v lɛ:te]
de verano (adj)	letní	[lɛtni:]
otoño (m)	podzim (m)	[podzɪm]
en otoño	na podzim	[na podzɪm]
de otoño (adj)	podzimní	[podzɪmni:]
invierno (m)	zima (ž)	[zɪma]
en invierno	v zimě	[v zɪmne]
de invierno (adj)	zimní	[zɪmni:]
mes (m)	měsíc (m)	[mnesi:ts]
este mes	tento měsíc	[tɛnto mnesi:ts]
al mes siguiente	příští měsíc	[prʃi:ʃti: mnesi:ts]
el mes pasado	minulý měsíc	[mɪnuli: mnesi:ts]
hace un mes	před měsícem	[prʃɛd mnesi:tsɛm]
dentro de un mes	za měsíc	[za mnesi:ts]
dentro de dos meses	za dva měsíce	[za dva mnesi:tsɛ]
todo el mes	celý měsíc	[tsɛli: mnesi:ts]
todo un mes	celý měsíc	[tsɛli: mnesi:ts]
mensual (adj)	měsíční	[mnesi:tʃni:]
mensualmente (adv)	každý měsíc	[kaʒdi: mnesi:ts]
cada mes	měsíčně	[mnesi:tʃne]
dos veces por mes	dvakrát měsíčně	[dvakra:t mnesi:tʃne]
año (m)	rok (m)	[rok]
este año	letos	[lɛtos]
el próximo año	příští rok	[prʃi:ʃti: rok]
el año pasado	vloni	[vlonɪ]
hace un año	před rokem	[prʃɛd rokɛm]
dentro de un año	za rok	[za rok]
dentro de dos años	za dva roky	[za dva rokɪ]
todo el año	celý rok	[tsɛli: rok]
todo un año	celý rok	[tsɛli: rok]
cada año	každý rok	[kaʒdi: rok]
anual (adj)	každoroční	[kaʒdorotʃni:]

| anualmente (adv) | každoročně | [kaʒdorotʃne] |
| cuatro veces por año | čtyřikrát za rok | [tʃtɪrʒɪkraːt za rok] |

fecha (f) (la ~ de hoy es ...)	datum (s)	[datum]
fecha (f) (~ de entrega)	datum (s)	[datum]
calendario (m)	kalendář (m)	[kalɛndaːrʃ]

medio año (m)	půl roku	[puːl roku]
seis meses	půlrok (m)	[puːlrok]
estación (f)	období (s)	[obdobiː]
siglo (m)	století (s)	[stolɛtiː]

EL VIAJE. EL HOTEL

T&P Books Publishing

turismo (m)	turistika (ż)	[turɪstɪka]
turista (m)	turista (m)	[turɪsta]
viaje (m)	cestování (s)	[tsɛstovaːniː]
aventura (f)	příhoda (ż)	[prʃiːhoda]
viaje (m) (p.ej. ~ en coche)	cesta (ż)	[tsɛsta]

vacaciones (f pl)	dovolená (ż)	[dovolɛnaː]
estar de vacaciones	mít dovolenou	[miːt dovolɛnou]
descanso (m)	odpočinek (m)	[otpotʃɪnɛk]

tren (m)	vlak (m)	[vlak]
en tren	vlakem	[vlakɛm]
avión (m)	letadlo (s)	[lɛtadlo]
en avión	letadlem	[lɛtadlɛm]
en coche	autem	[autɛm]
en barco	lodí	[lodiː]

equipaje (m)	zavazadla (s mn)	[zavazadla]
maleta (f)	kufr (m)	[kufr]
carrito (m) de equipaje	vozík (m) na zavazadla	[voziːk na zavazadla]
pasaporte (m)	pas (m)	[pas]
visado (m)	vízum (s)	[viːzum]
billete (m)	jízdenka (ż)	[jiːzdɛŋka]
billete (m) de avión	letenka (ż)	[lɛtɛŋka]

guía (f) (libro)	průvodce (m)	[pruːvodtsɛ]
mapa (m)	mapa (ż)	[mapa]
área (f) (~ rural)	krajina (ż)	[krajɪna]
lugar (m)	místo (s)	[miːsto]

exotismo (m)	exotika (ż)	[ɛgzotɪka]
exótico (adj)	exotický	[ɛgzotɪtski:]
asombroso (adj)	podivuhodný	[podɪvuhodni:]

grupo (m)	skupina (ż)	[skupɪna]
excursión (f)	výlet (m)	[viːlɛt]
guía (m) (persona)	průvodce (m)	[pruːvodtsɛ]

| hotel (m) | hotel (m) | [hotɛl] |
| motel (m) | motel (m) | [motɛl] |

de tres estrellas	tři hvězdy	[trʃɪ hvezdɪ]
de cinco estrellas	pět hvězd	[pet hvezt]
hospedarse (vr)	ubytovat se	[ubɪtovat sɛ]

habitación (f)	pokoj (m)	[pokoj]
habitación (f) individual	jednolůžkový pokoj (m)	[jɛdnolu:ʃkovi: pokoj]
habitación (f) doble	dvoulůžkový pokoj (m)	[dvoulu:ʃkovi: pokoj]
reservar una habitación	rezervovat pokoj	[rɛzɛrvovat pokoj]

| media pensión (f) | polopenze (ž) | [polopɛnzɛ] |
| pensión (f) completa | plná penze (ž) | [plna: pɛnzɛ] |

con baño	s koupelnou	[s koupɛlnou]
con ducha	se sprchou	[sɛ sprxou]
televisión (f) satélite	satelitní televize (ž)	[satɛlɪtni: tɛlɛvɪzɛ]
climatizador (m)	klimatizátor (m)	[klɪmatɪza:tor]
toalla (f)	ručník (m)	[rutʃni:k]
llave (f)	klíč (m)	[kli:tʃ]

administrador (m)	recepční (m)	[rɛtsɛptʃni:]
camarera (f)	pokojská (ž)	[pokojska:]
maletero (m)	nosič (m)	[nosɪtʃ]
portero (m)	vrátný (m)	[vra:tni:]

restaurante (m)	restaurace (ž)	[rɛstauratsɛ]
bar (m)	bar (m)	[bar]
desayuno (m)	snídaně (ž)	[sni:dane]
cena (f)	večeře (ž)	[vɛtʃɛrʒɛ]
buffet (m) libre	obložený stůl (m)	[oblogen: stu:l]

| vestíbulo (m) | vstupní hala (ž) | [vstupni: hala] |
| ascensor (m) | výtah (m) | [vi:tax] |

| NO MOLESTAR | NERUŠIT | [nɛruʃɪt] |
| PROHIBIDO FUMAR | ZÁKAZ KOUŘENÍ | [za:kaz kourʒeni:] |

22. El turismo. La excursión

monumento (m)	památka (ž)	[pama:tka]
fortaleza (f)	pevnost (ž)	[pɛvnost]
palacio (m)	palác (m)	[pala:ts]
castillo (m)	zámek (m)	[za:mɛk]
torre (f)	věž (ž)	[veʃ]
mausoleo (m)	mauzoleum (s)	[mauzolɛum]

arquitectura (f)	architektura (ž)	[arxɪtɛktura]
medieval (adj)	středověký	[strʃɛdoveki:]
antiguo (adj)	starobylý	[starobɪli:]
nacional (adj)	národní	[na:rodni:]
conocido (adj)	známý	[zna:mi:]

turista (m)	**turista** (m)	[turɪsta]
guía (m) (persona)	**průvodce** (m)	[pru:vodʦɛ]
excursión (f)	**výlet** (m)	[vi:lɛt]
mostrar (vt)	**ukazovat**	[ukazovat]
contar (una historia)	**povídat**	[povi·dat]

encontrar (hallar)	**najít**	[naji:t]
perderse (vr)	**ztratit se**	[stratɪʦɛ]
plano (m) (~ de metro)	**plán** (m)	[pla:n]
mapa (m) (~ de la ciudad)	**plán** (m)	[pla:n]

recuerdo (m)	**suvenýr** (m)	[suvɛni:r]
tienda (f) de regalos	**prodejna** (ž) **suvenýrů**	[prodɛjna suvɛni:ru:]
hacer fotos	**fotografovat**	[fotografovat]
fotografiarse (vr)	**fotografovat se**	[fotografovat sɛ]

T&P BOOKS

EL TRANSPORTE

T&P Books Publishing

aeropuerto (m)	letiště (s)	[lɛtɪʃtɛ]
avión (m)	letadlo (s)	[lɛtadlo]
compañía (f) aérea	letecká společnost (ž)	[lɛtɛtska: spolɛtʃnost]
controlador (m) aéreo	dispečer (m)	[dɪspɛtʃɛr]

despegue (m)	odlet (m)	[odlɛt]
llegada (f)	přílet (m)	[prʃi:lɛt]
llegar (en avión)	přiletět	[prʃɪlɛtet]

| hora (f) de salida | čas (m) odletu | [tʃas odlɛtu] |
| hora (f) de llegada | čas (m) příletu | [tʃas prʃilɛtu] |

| retrasarse (vr) | mít zpoždění | [mi:t spoʒdɛni:] |
| retraso (m) de vuelo | zpoždění (s) odletu | [spoʒdeni: odlɛtu] |

pantalla (f) de información	informační tabule (ž)	[ɪnformatʃni: tabulɛ]
información (f)	informace (ž)	[ɪnformatsɛ]
anunciar (vt)	hlásit	[hla:sɪt]
vuelo (m)	let (m)	[lɛt]

| aduana (f) | celnice (ž) | [tsɛlnɪtsɛ] |
| aduanero (m) | celník (m) | [tsɛlni:k] |

declaración (f) de aduana	prohlášení (s)	[prohla:ʃɛni:]
rellenar la declaración	vyplnit prohlášení	[vɪplnɪt prohla:ʃɛni:]
control (m) de pasaportes	pasová kontrola (ž)	[pasova: kontrola]

equipaje (m)	zavazadla (s mn)	[zavazadla]
equipaje (m) de mano	příruční zavazadlo (s)	[prʃi:rutʃni: zavazadlo]
carrito (m) de equipaje	vozík (m) na zavazadla	[vozi:k na zavazadla]

aterrizaje (m)	přistání (s)	[prʃɪsta:ni:]
pista (f) de aterrizaje	přistávací dráha (ž)	[prʃɪsta:vatsi: dra:ha]
aterrizar (vi)	přistávat	[prʃɪsta:vat]
escaleras (f pl) (de avión)	pojízdné schůdky (m mn)	[poji:zdnɛ: sxu:tkɪ]

| facturación (f) (check-in) | registrace (ž) | [rɛgɪstratsɛ] |
| mostrador (m) de facturación | přepážka (ž) registrace | [prʃɛpa:ʃka rɛgɪstratsɛ] |

hacer el check-in	zaregistrovat se	[zarɛgɪstrovat sɛ]
tarjeta (f) de embarque	palubní lístek (m)	[palubni: li:stɛk]
puerta (f) de embarque	příchod (m) k nástupu	[prʃi:xot k na:stupu]
tránsito (m)	tranzit (m)	[tranzɪt]
esperar (aguardar)	čekat	[tʃɛkat]

zona (f) de preembarque	čekárna (ž)	[tʃɛka:rna]
despedir (vt)	doprovázet	[doprova:zɛt]
despedirse (vr)	loučit se	[loutʃɪt sɛ]

24. El avión

avión (m)	letadlo (s)	[lɛtadlo]
billete (m) de avión	letenka (ž)	[lɛtɛŋka]
compañía (f) aérea	letecká společnost (ž)	[lɛtɛtska: spolɛtʃnost]
aeropuerto (m)	letiště (s)	[lɛtɪʃtɛ]
supersónico (adj)	nadzvukový	[nadzvukovi:]

comandante (m)	velitel (m) posádky	[vɛlɪtɛl posa:tkɪ]
tripulación (f)	posádka (ž)	[posa:tka]
piloto (m)	pilot (m)	[pɪlot]
azafata (f)	letuška (ž)	[lɛtuʃka]
navegador (m)	navigátor (m)	[navɪga:tor]

alas (f pl)	křídla (s mn)	[krʃi:dla]
cola (f)	ocas (m)	[otsas]
cabina (f)	kabina (ž)	[kabɪna]
motor (m)	motor (m)	[motor]
tren (m) de aterrizaje	podvozek (m)	[podvozɛk]
turbina (f)	turbína (ž)	[turbi:na]

hélice (f)	vrtule (ž)	[vrtulɛ]
caja (f) negra	černá skříňka (ž)	[tʃɛrna: skrʃi:nʲka]
timón (m)	řídicí páka (ž)	[rʒi:dɪtsi: pa:ka]
combustible (m)	palivo (s)	[palɪvo]

instructivo (m) de seguridad	předpis (m)	[prʃɛtpɪs]
respirador (m) de oxígeno	kyslíková maska (ž)	[kɪsli:kova: maska]
uniforme (m)	uniforma (ž)	[unɪforma]
chaleco (m) salvavidas	záchranná vesta (ž)	[za:xranna: vɛsta]
paracaídas (m)	padák (m)	[pada:k]

despegue (m)	start (m) letadla	[start lɛtadla]
despegar (vi)	vzlétat	[vzlɛ:tat]
pista (f) de despegue	rozjezdová dráha (ž)	[rozjɛzdova: dra:ha]

visibilidad (f)	viditelnost (ž)	[vɪdɪtɛlnost]
vuelo (m)	let (m)	[lɛt]
altura (f)	výška (ž)	[vi:ʃka]
pozo (m) de aire	vzdušná jáma (ž)	[vzduʃna: jama]

asiento (m)	místo (s)	[mi:sto]
auriculares (m pl)	sluchátka (s mn)	[sluxa:tka]
mesita (f) plegable	odklápěcí stolek (m)	[otkla:pɛtsi: stolɛk]
ventana (f)	okénko (s)	[okɛ:ŋko]
pasillo (m)	chodba (ž)	[xodba]

25. El tren

tren (m)	vlak (m)	[vlak]
tren (m) de cercanías	elektrický vlak (m)	[ɛlɛktrɪtski: vlɑk]
tren (m) rápido	rychlík (m)	[rɪxli:k]
locomotora (f) diésel	motorová lokomotiva (ž)	[motorova: lokomotɪva]
tren (m) de vapor	parní lokomotiva (ž)	[parni: lokomotɪva]
coche (m)	vůz (m)	[vu:z]
coche (m) restaurante	jídelní vůz (m)	[ji:dɛlni: vu:z]
rieles (m pl)	koleje (ž mn)	[kolɛjɛ]
ferrocarril (m)	železnice (ž mn)	[ʒɛlɛznɪtsɛ]
traviesa (f)	pražec (m)	[praʒɛts]
plataforma (f)	nástupiště (s)	[na:stupɪʃtɛ]
vía (f)	kolej (ž)	[kolɛj]
semáforo (m)	návěstidlo (s)	[na:vɛstɪdlo]
estación (f)	stanice (ž)	[stanɪtsɛ]
maquinista (m)	strojvůdce (m)	[strojvu:dtsɛ]
maletero (m)	nosič (m)	[nosɪtʃ]
mozo (m) del vagón	průvodčí (m)	[pru:vodtʃi:]
pasajero (m)	cestující (m)	[tsɛstuji:tsi:]
revisor (m)	revizor (m)	[rɛvɪzor]
corredor (m)	chodba (ž)	[xodba]
freno (m) de urgencia	záchranná brzda (ž)	[za:xranna: brzda]
compartimiento (m)	oddělení (s)	[oddɛlɛni:]
litera (f)	lůžko (s)	[lu:ʃko]
litera (f) de arriba	horní lůžko (s)	[horni: lu:ʃko]
litera (f) de abajo	dolní lůžko (s)	[dolni: lu:ʃko]
ropa (f) de cama	lůžkoviny (ž mn)	[lu:ʃkovɪnɪ]
billete (m)	jízdenka (ž)	[ji:zdɛŋka]
horario (m)	jízdní řád (m)	[ji:zdni: rʒa:t]
pantalla (f) de información	tabule (ž)	[tabulɛ]
partir (vi)	odjíždět	[odji:ʒdet]
partida (f) (del tren)	odjezd (m)	[odjɛst]
llegar (tren)	přijíždět	[prʃɪji:ʒdet]
llegada (f)	příjezd (m)	[prʃi:jɛst]
llegar en tren	přijet vlakem	[prʃɪɛt vlakɛm]
tomar el tren	nastoupit do vlaku	[nastoupɪt do vlaku]
bajar del tren	vystoupit z vlaku	[vɪstoupɪt z vlaku]
descarrilamiento (m)	železniční neštěstí (s)	[ʒɛlɛznɪtʃni: nɛʃtesti:]
tren (m) de vapor	parní lokomotiva (ž)	[parni: lokomotɪva]
fogonero (m)	topič (m)	[topɪtʃ]

| hogar (m) | topeniště (s) | [topɛnɪʃtɛ] |
| carbón (m) | uhlí (s) | [uhli:] |

26. El barco

| barco, buque (m) | loď (ž) | [lotʲ] |
| navío (m) | loď (ž) | [lotʲ] |

buque (m) de vapor	parník (m)	[parni:k]
motonave (f)	říční loď (ž)	[ritʃni lotʲ]
trasatlántico (m)	linková loď (ž)	[lɪŋkova: lotʲ]
crucero (m)	křižník (m)	[krʒɪʒni:k]

yate (m)	jachta (ž)	[jaxta]
remolcador (m)	vlek (m)	[vlɛk]
barcaza (f)	vlečná nákladní loď (ž)	[vlɛtʃna: na:kladni lotʲ]
ferry (m)	prám (m)	[pra:m]

| velero (m) | plachetnice (ž) | [plaxɛtnɪtsɛ] |
| bergantín (m) | brigantina (ž) | [brɪganti:na] |

| rompehielos (m) | ledoborec (m) | [lɛdoborɛts] |
| submarino (m) | ponorka (ž) | [ponorka] |

bote (m) de remo	loďka (ž)	[lotʲka]
bote (m)	člun (m)	[tʃlun]
bote (m) salvavidas	záchranný člun (m)	[za:xranni: tʃlun]
lancha (f) motora	motorový člun (m)	[motorovi: tʃlun]

capitán (m)	kapitán (m)	[kapɪta:n]
marinero (m)	námořník (m)	[na:morʒni:k]
marino (m)	námořník (m)	[na:morʒni:k]
tripulación (f)	posádka (ž)	[posa:tka]

contramaestre (m)	loďmistr (m)	[lodʲmɪstr]
grumete (m)	plavčík (m)	[plavtʃi:k]
cocinero (m) de abordo	lodní kuchař (m)	[lodni: kuxarʃ]
médico (m) del buque	lodní lékař (m)	[lodni: lɛ:karʃ]

cubierta (f)	paluba (ž)	[paluba]
mástil (m)	stěžeň (m)	[stɛʒenʲ]
vela (f)	plachta (ž)	[plaxta]

bodega (f)	podpalubí (s)	[potpalubi:]
proa (f)	příď (ž)	[prʃi:tʲ]
popa (f)	záď (ž)	[za:tʲ]
remo (m)	veslo (s)	[vɛslo]
hélice (f)	lodní šroub (m)	[lodni: ʃroup]
camarote (m)	kajuta (ž)	[kajuta]
sala (f) de oficiales	společenská místnost (ž)	[spolɛtʃɛnska: mi:stnost]

sala (f) de máquinas	strojovna (ž)	[strojovna]
puente (m) de mando	kapitánský můstek (m)	[kapɪtaːnski: muːstɛk]
sala (f) de radio	rádiová kabina (ž)	[raːdɪova: kabɪna]
onda (f)	vlna (ž)	[vlna]
cuaderno (m) de bitácora	lodní deník (m)	[lɔdni: dɛni·k]
anteojo (m)	dalekohled (m)	[dalɛkohlet]
campana (f)	zvon (m)	[zvon]
bandera (f)	vlajka (ž)	[vlajka]
cabo (m) (maroma)	lano (s)	[lano]
nudo (m)	uzel (m)	[uzɛl]
pasamano (m)	zábradlí (s)	[zaːbradli:]
pasarela (f)	schůdky (m mn)	[sxuːtkɪ]
ancla (f)	kotva (ž)	[kotva]
levar ancla	zvednout kotvy	[zvɛdnout kotvɪ]
echar ancla	spustit kotvy	[spustɪt kotvɪ]
cadena (f) del ancla	kotevní řetěz (m)	[kotɛvni: rʒɛtez]
puerto (m)	přístav (m)	[prʃiːstaf]
embarcadero (m)	přístaviště (s)	[prʃiːstavɪʃte]
amarrar (vt)	přistávat	[prʃɪsta:vat]
desamarrar (vt)	vyplouvat	[vɪplouvat]
viaje (m)	cestování (s)	[tsɛstova:ni:]
crucero (m) (viaje)	výletní plavba (ž)	[vi:letni: plavba]
derrota (f) (rumbo)	kurz (m)	[kurs]
itinerario (m)	trasa (ž)	[trasa]
canal (m) navegable	plavební dráha (ž)	[plavɛbni: dra:ha]
bajío (m)	mělčina (ž)	[mnɛltʃɪna]
encallar (vi)	najet na mělčinu	[najɛt na mnɛltʃɪnu]
tempestad (f)	bouřka (ž)	[bourʃka]
señal (f)	signál (m)	[sɪgna:l]
hundirse (vr)	potápět se	[pota:pet sɛ]
SOS	SOS	[ɛs o: ɛs]
aro (m) salvavidas	záchranný kruh (m)	[za:xranni: krux]

LA CIUDAD

T&P Books Publishing

autobús (m)	**autobus** (m)	[autobus]
tranvía (m)	**tramvaj** (ž)	[tramvaj]
trolebús (m)	**trolejbus** (m)	[trolɛjbus]
itinerario (m)	**trasa** (ž)	[trasa]
número (m)	**číslo** (s)	[ʧi:slo]
ir en ...	**jet**	[jɛt]
tomar (~ el autobús)	**nastoupit do ...**	[nastoupɪt do]
bajar (~ del tren)	**vystoupit z ...**	[vɪstoupɪt z]
parada (f)	**zastávka** (ž)	[zasta:fka]
próxima parada (f)	**příští zastávka** (ž)	[prʃi:ʃti: zasta:fka]
parada (f) final	**konečná stanice** (ž)	[konɛʧna: stanɪʦɛ]
horario (m)	**jízdní řád** (m)	[ji:zdni: rʒa:t]
esperar (aguardar)	**čekat**	[ʧɛkat]
billete (m)	**jízdenka** (ž)	[ji:zdɛŋka]
precio (m) del billete	**jízdné** (s)	[ji:zdnɛ:]
cajero (m)	**pokladník** (m)	[pokladni:k]
control (m) de billetes	**kontrola** (ž)	[kontrola]
revisor (m)	**revizor** (m)	[rɛvɪzor]
llegar tarde (vi)	**mít zpoždění**	[mi:t spoʒdɛni:]
perder (~ el tren)	**opozdit se**	[opozdɪt sɛ]
tener prisa	**pospíchat**	[pospi:xat]
taxi (m)	**taxík** (m)	[taksi:k]
taxista (m)	**taxikář** (m)	[taksɪka:rʃ]
en taxi	**taxíkem**	[taksi:kɛm]
parada (f) de taxi	**stanoviště** (s) **taxíků**	[stanovɪʃte taksi:ku:]
llamar un taxi	**zavolat taxíka**	[zavolat taksi:ka]
tomar un taxi	**vzít taxíka**	[vzi:t taksi:ka]
tráfico (m)	**uliční provoz** (m)	[ulɪʧni: provoz]
atasco (m)	**zácpa** (ž)	[za:ʦpa]
horas (f pl) de punta	**špička** (ž)	[ʃpɪʧka]
aparcar (vi)	**parkovat se**	[parkovat sɛ]
aparcar (vt)	**parkovat**	[parkovat]
aparcamiento (m)	**parkoviště** (s)	[parkovɪʃte]
metro (m)	**metro** (s)	[mɛtro]
estación (f)	**stanice** (ž)	[stanɪʦɛ]
ir en el metro	**jet metrem**	[jɛt mɛtrɛm]

| tren (m) | vlak (m) | [vlak] |
| estación (f) | nádraží (s) | [na:draʒi:] |

28. La ciudad. La vida en la ciudad

ciudad (f)	město (s)	[mnesto]
capital (f)	hlavní město (s)	[hlavni: mnesto]
aldea (f)	venkov (m)	[vɛŋkof]

plano (m) de la ciudad	plán (m) města	[pla:n mnesta]
centro (m) de la ciudad	střed (m) města	[strʃɛd mnesta]
suburbio (m)	předměstí (s)	[prʃɛdmnesti:]
suburbano (adj)	předměstský	[prʃɛdmnestski:]

arrabal (m)	okraj (m)	[okraj]
afueras (f pl)	okolí (s)	[okoli:]
barrio (m)	čtvrť (ž)	[tʃtvrtⁱ]
zona (f) de viviendas	obytná čtvrť (ž)	[obɪtna: tʃtvrtⁱ]

tráfico (m)	provoz (m)	[provoz]
semáforo (m)	semafor (m)	[sɛmafor]
transporte (m) urbano	městská doprava (ž)	[mnestska: doprava]
cruce (m)	křižovatka (ž)	[krʃɪʒovatka]

paso (m) de peatones	přechod (m)	[prʃɛxot]
paso (m) subterráneo	podchod (m)	[podxot]
cruzar (vt)	přecházet	[prʃɛxa:zɛt]
peatón (m)	chodec (m)	[xodɛts]
acera (f)	chodník (m)	[xodni:k]

puente (m)	most (m)	[most]
muelle (m)	nábřeží (s)	[na:brʒɛʒi:]
fuente (f)	fontána (ž)	[fonta:na]

alameda (f)	alej (ž)	[alɛj]
parque (m)	park (m)	[park]
bulevar (m)	bulvár (m)	[bulva:r]
plaza (f)	náměstí (s)	[na:mnesti:]
avenida (f)	třída (ž)	[trʃi:da]
calle (f)	ulice (ž)	[ulɪtsɛ]
callejón (m)	boční ulice (ž)	[botʃni: ulɪtsɛ]
callejón (m) sin salida	slepá ulice (ž)	[slɛpa: ulɪtsɛ]

casa (f)	dům (m)	[du:m]
edificio (m)	budova (ž)	[budova]
rascacielos (m)	mrakodrap (m)	[mrakodrap]

fachada (f)	fasáda (ž)	[fasa:da]
techo (m)	střecha (ž)	[strʃɛxa]
ventana (f)	okno (s)	[okno]

arco (m)	oblouk (m)	[oblouk]
columna (f)	sloup (m)	[sloup]
esquina (f)	roh (m)	[rox]

escaparate (f)	výloha (?)	[vi.luha]
letrero (m) (~ luminoso)	vývěsní tabule (ž)	[vi:vesni: tabulɛ]
cartel (m)	plakát (m)	[plaka:t]
cartel (m) publicitario	reklamní plakát (m)	[rɛklamni: plaka:t]
valla (f) publicitaria	billboard (m)	[bɪlbo:rt]

basura (f)	odpadky (m mn)	[otpatki:]
cajón (m) de basura	popelnice (ž)	[popɛlnɪtsɛ]
tirar basura	dělat smetí	[delat smɛti:]
basurero (m)	smetiště (s)	[smɛtɪʃte]

cabina (f) telefónica	telefonní budka (ž)	[tɛlɛfonni: butka]
farola (f)	pouliční svítilna (ž)	[poulɪʧni: svi:tɪlna]
banco (m) (del parque)	lavička (ž)	[lavɪʧka]

policía (m)	policista (m)	[polɪtsɪsta]
policía (f) (~ nacional)	policie (ž)	[polɪtsɪe]
mendigo (m)	žebrák (m)	[ʒebra:k]
persona (f) sin hogar	bezdomovec (m)	[bɛzdomovɛts]

29. Las instituciones urbanas

tienda (f)	obchod (m)	[obxot]
farmacia (f)	lékárna (ž)	[lɛ:ka:rna]
óptica (f)	oční optika (ž)	[otʃni: optɪka]
centro (m) comercial	obchodní středisko (s)	[obxodni: strʃɛdɪsko]
supermercado (m)	supermarket (m)	[supɛrmarket]

panadería (f)	pekařství (s)	[pɛkarʃstvi:]
panadero (m)	pekař (m)	[pɛkarʃ]
pastelería (f)	cukrárna (ž)	[tsukra:rna]
tienda (f) de comestibles	smíšené zboží (s)	[smiʃɛnɛ: zboʒi:]
carnicería (f)	řeznictví (s)	[rʒɛznɪtstvi:]

| verdulería (f) | zelinářství (s) | [zɛlɪna:rʃstvi:] |
| mercado (m) | tržnice (ž) | [trʒnɪtsɛ] |

cafetería (f)	kavárna (ž)	[kava:rna]
restaurante (m)	restaurace (ž)	[rɛstauratsɛ]
cervecería (f)	pivnice (ž)	[pɪvnɪtsɛ]
pizzería (f)	pizzerie (ž)	[pɪtsɛrɪe]

| peluquería (f) | holičství (s) a kadeřnictví | [holɪʧstvi: a kadɛrʒnɪtstvi:] |

| oficina (f) de correos | pošta (ž) | [poʃta] |
| tintorería (f) | čistírna (ž) | [ʧɪsti:rna] |

estudio (m) fotográfico	fotografický ateliér (m)	[fotografɪtski: atɛlɪe:r]
zapatería (f)	obchod (m) s obuvi	[obxot s obuvl:]
librería (f)	knihkupectví (s)	[knɪxkupɛtstvi:]
tienda (f) deportiva	sportovní potřeby (ž mn)	[sportovni: potrʃɛbɪ]

arreglos (m pl) de ropa	opravna (ž) oděvů	[opravna odevu:]
alquiler (m) de ropa	půjčovna (ž) oděvů	[pu:jtʃovna odevu:]
videoclub (m)	půjčovna (ž) filmů	[pu:jtʃovna fɪlmu:]

circo (m)	cirkus (m)	[tsɪrkus]
zoológico (m)	zoologická zahrada (ž)	[zoologɪtska: zahrada]
cine (m)	biograf (m)	[bɪograf]
museo (m)	muzeum (s)	[muzɛum]
biblioteca (f)	knihovna (ž)	[knɪhovna]

teatro (m)	divadlo (s)	[dɪvadlo]
ópera (f)	opera (ž)	[opɛra]
club (m) nocturno	noční klub (m)	[notʃni: klup]
casino (m)	kasino (s)	[kasi:no]

mezquita (f)	mešita (ž)	[mɛʃɪta]
sinagoga (f)	synagóga (ž)	[sinago:ga]
catedral (f)	katedrála (ž)	[katɛdra:la]
templo (m)	chrám (m)	[xra:m]
iglesia (f)	kostel (m)	[kostɛl]

instituto (m)	vysoká škola (ž)	[vɪsoka: ʃkola]
universidad (f)	univerzita (ž)	[unɪvɛrzɪta]
escuela (f)	škola (ž)	[ʃkola]

prefectura (f)	prefektura (ž)	[prɛfɛktura]
alcaldía (f)	magistrát (m)	[magɪstra:t]
hotel (m)	hotel (m)	[hotɛl]
banco (m)	banka (ž)	[baŋka]

embajada (f)	velvyslanectví (s)	[vɛlvɪslanɛtstvi:]
agencia (f) de viajes	cestovní kancelář (ž)	[tsɛstovni: kantsɛla:rʃ]
oficina (f) de información	informační kancelář (ž)	[ɪnformatʃni: kantsɛla:rʃ]
oficina (f) de cambio	směnárna (ž)	[smnena:rna]

metro (m)	metro (s)	[mɛtro]
hospital (m)	nemocnice (ž)	[nɛmotsnɪtsɛ]

gasolinera (f)	benzínová stanice (ž)	[bɛnzi:nova: stanɪtsɛ]
aparcamiento (m)	parkoviště (s)	[parkovɪʃte]

30. Los avisos

letrero (m) (~ luminoso)	ukazatel (m) směru	[ukazatɛl smneru]
cartel (m) (texto escrito)	nápis (m)	[na:pɪs]

pancarta (f)	plakát (m)	[plaka:t]
señal (m) de dirección	ukazatel (m)	[ukazatɛl]
flecha (f) (signo)	šípka (ž)	[ʃi:pka]

advertencia (f)	varování (s)	[varova·ni·]
aviso (m)	výstraha (ž)	[vi:straha]
advertir (vt)	upozorňovat	[upozorňovat]

día (m) de descanso	volný den (m)	[volni: dɛn]
horario (m)	jízdní řád (m)	[ji:zdni: rʒa:t]
horario (m) de apertura	pracovní doba (ž)	[pratsovni: doba]

¡BIENVENIDOS!	VÍTEJTE!	[vi:tɛjtɛ]
ENTRADA	VCHOD	[vxot]
SALIDA	VÝCHOD	[vi:xot]

EMPUJAR	TAM	[tam]
TIRAR	SEM	[sɛm]
ABIERTO	OTEVŘENO	[otɛvrʒeno]
CERRADO	ZAVŘENO	[zavrʒeno]

| MUJERES | ŽENY | [ʒenɪ] |
| HOMBRES | MUŽI | [muʒɪ] |

REBAJAS	SLEVY	[slɛvɪ]
SALDOS	VÝPRODEJ	[vi:prodɛj]
NOVEDAD	NOVINKA!	[novɪŋka]
GRATIS	ZDARMA	[zdarma]

¡ATENCIÓN!	POZOR!	[pozor]
COMPLETO	VOLNÁ MÍSTA NEJSOU	[volna: mi:sta nɛjsou]
RESERVADO	ZADÁNO	[zada:no]

| ADMINISTRACIÓN | KANCELÁŘ | [kantsɛla:rʒ] |
| SÓLO PERSONAL AUTORIZADO | POUZE PRO PERSONÁL | [pouzɛ pro pɛrsona:l] |

| CUIDADO CON EL PERRO | POZOR! ZLÝ PES | [pozor zli: pɛs] |

| PROHIBIDO FUMAR | ZÁKAZ KOUŘENÍ | [za:kaz kourʒeni:] |
| NO TOCAR | NEDOTÝKEJTE SE! | [nɛdoti:kɛjtɛ sɛ] |

PELIGROSO	NEBEZPEČNÉ	[nɛbɛzpɛtʃnɛ:]
PELIGRO	NEBEZPEČÍ	[nɛbɛzpɛtʃi:]
ALTA TENSIÓN	VYSOKÉ NAPĚTÍ	[vɪsokɛ: napeti:]
PROHIBIDO BAÑARSE	KOUPÁNÍ ZAKÁZÁNO	[koupa:ni: zaka:za:no]
NO FUNCIONA	MIMO PROVOZ	[mɪmo provoz]

INFLAMABLE	VYSOCE HOŘLAVÝ	[vɪsotsɛ horʒlavi:]
PROHIBIDO	ZÁKAZ	[za:kaz]
PROHIBIDO EL PASO	PRŮCHOD ZAKÁZÁN	[pru:xot zaka:za:n]
RECIÉN PINTADO	ČERSTVĚ NATŘENO	[tʃɛrstve natrʃeno]

31. Las compras

comprar (vt)	kupovat	[kupovat]
compra (f)	nákup (m)	[na:kup]
hacer compras	dělat nákupy	[delat na:kupɪ]
compras (f pl)	nakupování (s)	[nakupova:ni:]
estar abierto (tienda)	být otevřen	[bi:t otɛvrʒɛn]
estar cerrado	být zavřen	[bi:t zavrʒɛn]
calzado (m)	obuv (ž)	[obuf]
ropa (f)	oblečení (s)	[oblɛtʃɛni:]
cosméticos (m pl)	kosmetika (ž)	[kosmɛtɪka]
productos alimenticios	potraviny (ž mn)	[potravɪnɪ]
regalo (m)	dárek (m)	[da:rɛk]
vendedor (m)	prodavač (m)	[prodavatʃ]
vendedora (f)	prodavačka (ž)	[prodavatʃka]
caja (f)	pokladna (ž)	[pokladna]
espejo (m)	zrcadlo (s)	[zrtsadlo]
mostrador (m)	pult (m)	[pult]
probador (m)	zkušební kabinka (ž)	[skuʃɛbni: kabɪŋka]
probar (un vestido)	zkusit	[skusɪt]
quedar (una ropa, etc.)	hodit se	[hodɪt sɛ]
gustar (vi)	líbit se	[li:bɪt sɛ]
precio (m)	cena (ž)	[tsɛna]
etiqueta (f) de precio	cenovka (ž)	[tsɛnofka]
costar (vt)	stát	[sta:t]
¿Cuánto?	Kolik?	[kolɪk]
descuento (m)	sleva (ž)	[slɛva]
no costoso (adj)	levný	[lɛvni:]
barato (adj)	levný	[lɛvni:]
caro (adj)	drahý	[drahi:]
Es caro	To je drahé	[to jɛ drahɛ:]
alquiler (m)	půjčování (s)	[pu:jtʃova:ni:]
alquilar (vt)	vypůjčit si	[vɪpu:jtʃɪt sɪ]
crédito (m)	úvěr (m)	[u:ver]
a crédito (adv)	na splátky	[na spla:tkɪ]

T&P BOOKS

LA ROPA Y LOS ACCESORIOS

T&P Books Publishing

32. La ropa exterior. Los abrigos

ropa (f)	oblečení (s)	[oblɛtʃɛni:]
ropa (f) de calle	svrchní oděv (m)	[svrxni: odef]
ropa (f) de invierno	zimní oděv (m)	[zɪmni: odef]
abrigo (m)	kabát (m)	[kaba:t]
abrigo (m) de piel	kožich (m)	[koʒɪx]
abrigo (m) corto de piel	krátký kožich (m)	[kra:tki: koʒɪx]
chaqueta (f) plumón	peřová bunda (ž)	[pɛrʒova: bunda]
cazadora (f)	bunda (ž)	[bunda]
impermeable (m)	plášť (m)	[pla:ʃtʲ]
impermeable (adj)	nepromokavý	[nɛpromokavi:]

33. Ropa de hombre y mujer

camisa (f)	košile (ž)	[koʃɪlɛ]
pantalones (m pl)	kalhoty (ž mn)	[kalhotɪ]
jeans, vaqueros (m pl)	džínsy (m mn)	[dʒi:nsɪ]
chaqueta (f), saco (m)	sako (s)	[sako]
traje (m)	pánský oblek (m)	[pa:nski: oblɛk]
vestido (m)	šaty (m mn)	[ʃatɪ]
falda (f)	sukně (ž)	[sukne]
blusa (f)	blůzka (ž)	[blu:ska]
rebeca (f), chaqueta (f) de punto	svetr (m)	[svɛtr]
chaqueta (f)	žaket (m)	[ʒakɛt]
camiseta (f) (T-shirt)	tričko (s)	[trɪtʃko]
pantalones (m pl) cortos	šortky (ž mn)	[ʃortkɪ]
traje (m) deportivo	teplaková souprava (ž)	[tɛpla:kova souprava]
bata (f) de baño	župan (m)	[ʒupan]
pijama (m)	pyžamo (s)	[pɪʒamo]
suéter (m)	svetr (m)	[svɛtr]
pulóver (m)	pulovr (m)	[pulovr]
chaleco (m)	vesta (ž)	[vɛsta]
frac (m)	frak (m)	[frak]
esmoquin (m)	smoking (m)	[smokɪŋk]
uniforme (m)	uniforma (ž)	[unɪforma]
ropa (f) de trabajo	pracovní oděv (m)	[pratsovni: odef]

mono (m)   kombinéza (ž)   [kombɪnɛ:za]
bata (f) (p. ej. ~ blanca)   plášť (m)   [plá:ʃťᵘ]

34. La ropa. La ropa interior

ropa (f) interior   spodní prádlo (s)   [spodni: pra:dlo]
camiseta (f) interior   tílko (s)   [tilko]
calcetines (m pl)   ponožky (ž mn)   [ponoʃkɪ]

camisón (m)   noční košile (ž)   [notʃni: koʃɪlɛ]
sostén (m)   podprsenka (ž)   [potprsɛŋka]
calcetines (m pl) altos   podkolenky (ž mn)   [potkolɛŋkɪ]
pantimedias (f pl)   punčochové kalhoty (ž mn) [punʧoxovɛ: kalgotɪ]
medias (f pl)   punčochy (ž mn)   [punʧoxɪ]
traje (m) de baño   plavky (ž mn)   [plafkɪ]

35. Gorras

gorro (m)   čepice (ž)   [ʧɛpɪʦɛ]
sombrero (m) de fieltro   klobouk (m)   [klobouk]
gorra (f) de béisbol   kšiltovka (ž)   [kʃɪltofka]
gorra (f) plana   čepice (ž)   [ʧɛpɪʦɛ]

boina (f)   baret (m)   [barɛt]
capuchón (m)   kapuce (ž)   [kapuʦɛ]
panamá (m)   panamský klobouk (m)   [panamski: klobouk]
gorro (m) de punto   pletená čepice (ž)   [plɛtɛna: ʧɛpɪʦɛ]

pañuelo (m)   šátek (m)   [ʃa:tɛk]
sombrero (m) de mujer   klobouček (m)   [kloboutʃɛk]

casco (m) (~ protector)   přilba (ž)   [prʃɪlba]
gorro (m) de campaña   lodička (ž)   [lodɪʧka]
casco (m) (~ de moto)   helma (ž)   [hɛlma]

bombín (m)   tvrďák (m)   [tvrďa:k]
sombrero (m) de copa   válec (m)   [va:lɛʦ]

36. El calzado

calzado (m)   obuv (ž)   [obuf]
botas (f pl)   boty (ž mn)   [botɪ]
zapatos (m pl)   střevíce (m mn)   [strʃɛvi:ʦɛ]
(~ de tacón bajo)
botas (f pl) altas   holínky (ž mn)   [holi:ŋkɪ]
zapatillas (f pl)   bačkory (ž mn)   [batʃkorɪ]

tenis (m pl)	tenisky (ž mn)	[tɛnɪskɪ]
zapatillas (f pl) de lona	kecky (ž mn)	[kɛtskɪ]
sandalias (f pl)	sandály (m mn)	[sanda:lɪ]

zapatero (m)	obuvník (m)	[ɲhʊvɲi·kɪ]
tacón (m)	podpatek (m)	[potpatɛk]
par (m)	pár (m)	[pa:r]

cordón (m)	tkanička (ž)	[tkanɪtʃka]
encordonar (vt)	šněrovat	[ʃnerovat]
calzador (m)	lžíce (ž) na boty	[ʒi:tsɛ na botɪ]
betún (m)	krém (m) na boty	[krɛ:m na botɪ]

37. Accesorios personales

guantes (m pl)	rukavice (ž mn)	[rukavɪtsɛ]
manoplas (f pl)	palčáky (m mn)	[paltʃa:kɪ]
bufanda (f)	šála (ž)	[ʃa:la]

gafas (f pl)	brýle (ž mn)	[bri:lɛ]
montura (f)	obroučky (m mn)	[obroutʃkɪ]
paraguas (m)	deštník (m)	[dɛʃtni:k]
bastón (m)	hůl (ž)	[hu:l]
cepillo (m) de pelo	kartáč (m) na vlasy	[karta:tʃ na vlasɪ]
abanico (m)	vějíř (m)	[veji:rʃ]

corbata (f)	kravata (ž)	[kravata]
pajarita (f)	motýlek (m)	[moti:lɛk]
tirantes (m pl)	šle (ž mn)	[ʃlɛ]
moquero (m)	kapesník (m)	[kapesni:k]

peine (m)	hřeben (m)	[hrʒɛbɛn]
pasador (m) de pelo	sponka (ž)	[spoŋka]
horquilla (f)	vlásnička (ž)	[vla:snɪtʃka]
hebilla (f)	spona (ž)	[spona]

| cinturón (m) | pás (m) | [pa:s] |
| correa (f) (de bolso) | řemen (m) | [rʒɛmɛn] |

bolsa (f)	taška (ž)	[taʃka]
bolso (m)	kabelka (ž)	[kabɛlka]
mochila (f)	batoh (m)	[batox]

38. La ropa. Miscelánea

moda (f)	móda (ž)	[mo:da]
de moda (adj)	módní	[mo:dni:]
diseñador (m) de moda	modelář (m)	[modɛla:rʃ]

cuello (m)	límec (m)	[li:mɛts]
bolsillo (m)	kapsa (ž)	[kapsa]
de bolsillo (adj)	kapesní	[kapɛsni:]
manga (f)	rukáv (m)	[ruka:f]
presilla (f)	poutko (s)	[poutko]
bragueta (f)	poklopec (m)	[poklopɛts]

cremallera (f)	zip (m)	[zɪp]
cierre (m)	spona (ž)	[spona]
botón (m)	knoflík (m)	[knofli:k]
ojal (m)	knoflíková dírka (ž)	[knofli:kova: di:rka]
saltar (un botón)	utrhnout se	[utrhnout sɛ]

coser (vi, vt)	šít	[ʃi:t]
bordar (vt)	vyšívat	[vɪʃi:vat]
bordado (m)	výšivka (ž)	[vi:ʃɪfka]
aguja (f)	jehla (ž)	[jɛhla]
hilo (m)	nit (ž)	[nɪt]
costura (f)	šev (m)	[ʃɛf]

ensuciarse (vr)	ušpinit se	[uʃpɪnɪt sɛ]
mancha (f)	skvrna (ž)	[skvrna]
arrugarse (vr)	pomačkat se	[pomatʃkat sɛ]
rasgar (vt)	roztrhat	[roztrhat]
polilla (f)	mol (m)	[mol]

39. Productos personales. Cosméticos

pasta (f) de dientes	zubní pasta (ž)	[zubni: pasta]
cepillo (m) de dientes	kartáček (m) na zuby	[karta:tʃɛk na zubɪ]
limpiarse los dientes	čistit si zuby	[tʃɪstɪt sɪ zubɪ]

maquinilla (f) de afeitar	holicí strojek (m)	[holɪtsi: strojɛk]
crema (f) de afeitar	krém (m) na holení	[krɛ:m na holɛni:]
afeitarse (vr)	holit se	[holɪt sɛ]

| jabón (m) | mýdlo (s) | [mi:dlo] |
| champú (m) | šampon (m) | [ʃampon] |

tijeras (f pl)	nůžky (ž mn)	[nu:ʃkɪ]
lima (f) de uñas	pilník (m) na nehty	[pɪlni:k na nɛxtɪ]
cortaúñas (m pl)	kleštičky (ž mn) na nehty	[klɛʃtɪtʃkɪ na nɛxtɪ]
pinzas (f pl)	pinzeta (ž)	[pɪnzeta]

cosméticos (m pl)	kosmetika (ž)	[kosmɛtɪka]
mascarilla (f)	kosmetická maska (ž)	[kosmɛtɪtska: maska]
manicura (f)	manikúra (ž)	[manɪku:ra]
hacer la manicura	dělat manikúru	[delat manɪku:ru]
pedicura (f)	pedikúra (ž)	[pɛdɪku:ra]
bolsa (f) de maquillaje	kosmetická kabelka (ž)	[kosmɛtɪtska: kabɛlka]

polvos (m pl)	pudr (m)	[pudr]
polvera (f)	pudřenka (ž)	[pudrʒɛŋka]
colorete (m), rubor (m)	červené líčidlo (s)	[t͡ʃɛrvɛnɛ: li:t͡ʃɪdlo]

perfume (m)	voňavka (ž)	[voɲiafkạ]
agua (f) de tocador	toaletní voda (ž)	[toalɛtni: voda]
loción (f)	pleťová voda (ž)	[plɛtiova: voda]
agua (f) de Colonia	kolínská voda (ž)	[koli:nska: voda]

sombra (f) de ojos	oční stíny (m mn)	[ot͡ʃni: sti:nɪ]
lápiz (m) de ojos	tužka (ž) na oči	[tuʃka na ot͡ʃɪ]
rímel (m)	řasenka (ž)	[rʒasɛŋka]

pintalabios (m)	rtěnka (ž)	[rtɛŋka]
esmalte (m) de uñas	lak (m) na nehty	[lak na nɛxtɪ]
fijador (m) para el pelo	lak (m) na vlasy	[lak na vlasɪ]
desodorante (m)	deodorant (m)	[dɛodorant]

crema (f)	krém (m)	[krɛ:m]
crema (f) de belleza	pleťový krém (m)	[plɛtiovi: krɛ:m]
crema (f) de manos	krém (m) na ruce	[krɛ:m na rut͡sɛ]
crema (f) antiarrugas	krém (m) proti vráskám	[krɛ:m protɪ vra:ska:m]
de día (adj)	denní	[dɛnni:]
de noche (adj)	noční	[not͡ʃni:]

tampón (m)	tampón (m)	[tampo:n]
papel (m) higiénico	toaletní papír (m)	[toalɛtni: papi:r]
secador (m) de pelo	fén (m)	[fɛ:n]

40. Los relojes

reloj (m)	hodinky (ž mn)	[hodɪŋkɪ]
esfera (f)	ciferník (m)	[t͡sɪfɛrni:k]
aguja (f)	ručička (ž)	[rut͡ʃɪt͡ʃka]
pulsera (f)	náramek (m)	[na:ramɛk]
correa (f) (del reloj)	pásek (m)	[pa:sɛk]

pila (f)	baterka (ž)	[batɛrka]
descargarse (vr)	vybít se	[vɪbi:t sɛ]
cambiar la pila	vyměnit baterku	[vɪmnɛnɪt batɛrku]

| adelantarse (vr) | jít napřed | [ji:t naprʃɛt] |
| retrasarse (vr) | opožďovat se | [opoʒdiovat sɛ] |

reloj (m) de pared	nástěnné hodiny (ž mn)	[na:stɛnnɛ: hodɪnɪ]
reloj (m) de arena	přesýpací hodiny (ž mn)	[prʃɛsi:pat͡si hodɪnɪ]
reloj (m) de sol	sluneční hodiny (ž mn)	[slunɛt͡ʃni: hodɪnɪ]
despertador (m)	budík (m)	[budi:k]
relojero (m)	hodinář (m)	[hodɪna:rʃ]
reparar (vt)	opravovat	[opravovat]

T&P BOOKS

LA EXPERIENCIA DIARIA

T&P Books Publishing

41. El dinero

dinero (m)	**peníze** (m mn)	[pɛniːzɛ]
cambio (m)	**výměna** (ž)	[viːmnena]
curso (m)	**kurz** (m)	[kurs]
cajero (m) automático	**bankomat** (m)	[baŋkomat]
moneda (f)	**mince** (ž)	[mɪntsɛ]
dólar (m)	**dolar** (m)	[dolar]
euro (m)	**euro** (s)	[ɛuro]
lira (f)	**lira** (ž)	[lɪra]
marco (m) alemán	**marka** (ž)	[marka]
franco (m)	**frank** (m)	[fraŋk]
libra esterlina (f)	**libra** (ž) **šterlinků**	[lɪbra ʃtɛrlɪŋkuː]
yen (m)	**jen** (m)	[jɛn]
deuda (f)	**dluh** (m)	[dlux]
deudor (m)	**dlužník** (m)	[dluʒniːk]
prestar (vt)	**půjčit**	[puːjtʃɪt]
tomar prestado	**půjčit si**	[puːjtʃɪt sɪ]
banco (m)	**banka** (ž)	[baŋka]
cuenta (f)	**účet** (m)	[uːtʃɛt]
ingresar en la cuenta	**uložit na účet**	[uloʒɪt na uːtʃɛt]
sacar de la cuenta	**vybrat z účtu**	[vɪbrat s uːtʃtu]
tarjeta (f) de crédito	**kreditní karta** (ž)	[krɛdɪtniː karta]
dinero (m) en efectivo	**hotové peníze** (m mn)	[hotovɛ pɛniːzɛ]
cheque (m)	**šek** (m)	[ʃɛk]
sacar un cheque	**vystavit šek**	[vɪstavɪt ʃɛk]
talonario (m)	**šeková knížka** (ž)	[ʃɛkova kniːʃka]
cartera (f)	**náprsní taška** (ž)	[naːprsni taʃka]
monedero (m)	**peněženka** (ž)	[pɛneʒeŋka]
caja (f) fuerte	**trezor** (m)	[trɛzor]
heredero (m)	**dědic** (m)	[dedɪts]
herencia (f)	**dědictví** (s)	[dedɪtstviː]
fortuna (f)	**majetek** (m)	[majɛtɛk]
arriendo (m)	**nájem** (m)	[naːjɛm]
alquiler (m) (dinero)	**činže** (ž)	[tʃɪnʒe]
alquilar (~ una casa)	**pronajímat si**	[pronajiːmat sɪ]
precio (m)	**cena** (ž)	[tsɛna]
coste (m)	**cena** (ž)	[tsɛna]

suma (f)	částka (ž)	[tʃa:stka]
gastar (vt)	utrácet	[utra.iset]
gastos (m pl)	náklady (m mn)	[na:kladɪ]
economizar (vi, vt)	šetřit	[ʃɛtrʃɪt]
económico (adj)	úsporný	[u:sporni:]

pagar (vi, vt)	platit	[platɪt]
pago (m)	platba (ž)	[platba]
cambio (m) (devolver el ~)	peníze (m mn) nazpět	[pɛni:zɛ naspet]

impuesto (m)	daň (ž)	[danʲ]
multa (f)	pokuta (ž)	[pokuta]
multar (vt)	pokutovat	[pokutovat]

42. La oficina de correos

oficina (f) de correos	pošta (ž)	[poʃta]
correo (m) (cartas, etc.)	pošta (ž)	[poʃta]
cartero (m)	listonoš (m)	[lɪstonoʃ]
horario (m) de apertura	pracovní doba (ž)	[pratsovni: doba]

carta (f)	dopis (m)	[dopɪs]
carta (f) certificada	doporučený dopis (m)	[doporutʃɛni: dopɪs]
tarjeta (f) postal	pohlednice (ž)	[pohlɛdnɪtsɛ]
telegrama (m)	telegram (m)	[tɛlɛgram]
paquete (m) postal	balík (m)	[bali:k]
giro (m) postal	peněžní poukázka (ž)	[pɛneʒni: pouka:ska]

recibir (vt)	dostat	[dostat]
enviar (vt)	odeslat	[odɛslat]
envío (m)	odeslání (s)	[odɛsla:ni:]

dirección (f)	adresa (ž)	[adrɛsa]
código (m) postal	poštovní směrovací číslo (s)	[poʃtovni: smnerovatsi: tʃi:slo]

expedidor (m)	odesílatel (m)	[odɛsi:latɛl]
destinatario (m)	příjemce (m)	[prʃi:jɛmtsɛ]

nombre (m)	jméno (s)	[jmɛ:no]
apellido (m)	příjmení (s)	[prʃi:jmɛni:]

tarifa (f)	tarif (m)	[tarɪf]
ordinario (adj)	obyčejný	[obɪtʃɛjni:]
económico (adj)	zlevněný	[zlɛvneni:]

peso (m)	váha (ž)	[va:ha]
pesar (~ una carta)	vážit	[va:ʒɪt]
sobre (m)	obálka (ž)	[oba:lka]
sello (m)	známka (ž)	[zna:mka]
poner un sello	nalepovat známku	[nalɛpovat zna:mku]

43. La banca

| banco (m) | banka (ž) | [baŋka] |
| sucursal (f) | pobočka (ž) | [pubuʧka] |

| consultor (m) | konzultant (m) | [konzultant] |
| gerente (m) | správce (m) | [spra:vlsɛ] |

cuenta (f)	účet (m)	[u:ʧɛt]
numero (m) de la cuenta	číslo (s) účtu	[ʧi:slo u:ʧtu]
cuenta (f) corriente	běžný účet (m)	[bɛʒni: u:ʧɛt]
cuenta (f) de ahorros	spořitelní účet (m)	[sporʒɪtɛlni: u:ʧɛt]

abrir una cuenta	založit účet	[zaloʒɪt u:ʧɛt]
cerrar la cuenta	uzavřít účet	[uzavrʒi:t u:ʧɛt]
ingresar en la cuenta	uložit na účet	[uloʒɪt na u:ʧɛt]
sacar de la cuenta	vybrat z účtu	[vɪbrat s u:ʧtu]

depósito (m)	vklad (m)	[fklat]
hacer un depósito	uložit vklad	[uloʒɪt fklat]
giro (m) bancario	převod (m)	[prʃɛvot]
hacer un giro	převést	[prʃɛvɛ:st]

| suma (f) | částka (ž) | [ʧa:stka] |
| ¿Cuánto? | Kolik? | [kolɪk] |

| firma (f) (nombre) | podpis (m) | [potpɪs] |
| firmar (vt) | podepsat | [podɛpsat] |

tarjeta (f) de crédito	kreditní karta (ž)	[krɛdɪtni: karta]
código (m)	kód (m)	[ko:t]
número (m) de tarjeta de crédito	číslo (s) kreditní karty	[ʧi:slo krɛdɪtni: kartɪ]

| cajero (m) automático | bankomat (m) | [baŋkomat] |

cheque (m)	šek (m)	[ʃɛk]
sacar un cheque	vystavit šek	[vɪstavɪt ʃɛk]
talonario (m)	šeková knížka (ž)	[ʃɛkova: kni:ʃka]

crédito (m)	úvěr (m)	[u:ver]
pedir el crédito	žádat o úvěr	[ʒa:dat o u:ver]
obtener un crédito	brát na úvěr	[bra:t na u:ver]
conceder un crédito	poskytovat úvěr	[poskɪtovat u:ver]
garantía (f)	kauce (ž)	[kauʦɛ]

44. El teléfono. Las conversaciones telefónicas

| teléfono (m) | telefon (m) | [tɛlɛfon] |
| teléfono (m) móvil | mobilní telefon (m) | [mobɪlni: tɛlɛfon] |

contestador (m)	záznamník (m)	[za:znamni:k]
llamar, telefonear	volat	[volat]
llamada (f)	hovor (m), volání (s)	[hovor], [vola:ni:]

marcar un número	vytočit číslo	[vɪtotʃɪt tʃi:slo]
¿Sí?, ¿Dígame?	Prosím!	[prosi:m]
preguntar (vt)	zeptat se	[zɛptat sɛ]
responder (vi, vt)	odpovědět	[otpovedet]

oír (vt)	slyšet	[slɪʃɛt]
bien (adv)	dobře	[dobrʒɛ]
mal (adv)	špatně	[ʃpatne]
ruidos (m pl)	poruchy (ž mn)	[poruxɪ]

auricular (m)	sluchátko (s)	[sluxa:tko]
descolgar (el teléfono)	vzít sluchátko	[vzi:t sluxa:tko]
colgar el auricular	zavěsit sluchátko	[zavesɪt sluxa:tko]

ocupado (adj)	obsazeno	[opsazɛno]
sonar (teléfono)	zvonit	[zvonɪt]
guía (f) de teléfonos	telefonní seznam (m)	[tɛlɛfonni: sɛznam]

local (adj)	místní	[mi:stni:]
de larga distancia	dálkový	[da:lkovi:]
internacional (adj)	mezinárodní	[mɛzɪna:rodni:]

45. El teléfono celular

teléfono (m) móvil	mobilní telefon (m)	[mobɪlni: tɛlɛfon]
pantalla (f)	displej (m)	[dɪsplɛj]
botón (m)	tlačítko (s)	[tlatʃi:tko]
tarjeta SIM (f)	SIM karta (ž)	[sɪm karta]

pila (f)	baterie (ž)	[batɛrɪe]
descargarse (vr)	vybít se	[vɪbi:t sɛ]
cargador (m)	nabíječka (ž)	[nabi:jɛtʃka]

menú (m)	nabídka (ž)	[nabi:tka]
preferencias (f pl)	nastavení (s)	[nastavɛni:]
melodía (f)	melodie (ž)	[mɛlodɪe]
seleccionar (vt)	vybrat	[vɪbrat]

| calculadora (f) | kalkulačka (ž) | [kalkulatʃka] |
| contestador (m) | hlasová schránka (ž) | [hlasova: sxra:ŋka] |

| despertador (m) | budík (m) | [budi:k] |
| contactos (m pl) | telefonní seznam (m) | [tɛlɛfonni: sɛznam] |

| mensaje (m) de texto | SMS zpráva (ž) | [ɛsɛmɛs spra:va] |
| abonado (m) | účastník (m) | [u:tʃastni:k] |

46. Los artículos de escritorio. La papelería

| bolígrafo (m) | pero (s) | [pɛro] |
| pluma (f) estilográfica | plnicí pero (s) | [ʃilɪɪlɪsl ɪɪʃɪɪ] |

lápiz (m)	tužka (ž)	[tuʃka]
marcador (m)	značkovač (m)	[znatʃkovatʃ]
rotulador (m)	fix (m)	[fɪks]

| bloc (m) de notas | notes (m) | [notɛs] |
| agenda (f) | diář (m) | [dɪa:rʃ] |

regla (f)	pravítko (s)	[pravi:tko]
calculadora (f)	kalkulačka (ž)	[kalkulatʃka]
goma (f) de borrar	guma (ž)	[guma]
chincheta (f)	napínáček (m)	[napi:na:tʃɛk]
clip (m)	svorka (ž)	[svorka]

cola (f), pegamento (m)	lepidlo (s)	[lɛpɪdlo]
grapadora (f)	sešívačka (ž)	[sɛʃi:vatʃka]
perforador (m)	dírkovačka (ž)	[di:rkovatʃka]
sacapuntas (m)	ořezávátko (s)	[orʒɛza:va:tko]

47. Los idiomas extranjeros

lengua (f)	jazyk (m)	[jazɪk]
lengua (f) extranjera	cizí jazyk (m)	[tsɪzi: jazɪk]
estudiar (vt)	studovat	[studovat]
aprender (ingles, etc.)	učit se	[utʃɪt sɛ]

leer (vi, vt)	číst	[tʃi:st]
hablar (vi, vt)	mluvit	[mluvɪt]
comprender (vt)	rozumět	[rozumnet]
escribir (vt)	psát	[psa:t]

rápidamente (adv)	rychle	[rɪxlɛ]
lentamente (adv)	pomalu	[pomalu]
con fluidez (adv)	plynně	[plɪnne]

reglas (f pl)	pravidla (s mn)	[pravɪdla]
gramática (f)	mluvnice (ž)	[mluvnɪtsɛ]
vocabulario (m)	slovní zásoba (ž)	[slovni: za:soba]
fonética (f)	hláskosloví (s)	[hla:skoslovi:]

manual (m)	učebnice (ž)	[utʃɛbnɪtsɛ]
diccionario (m)	slovník (m)	[slovni:k]
manual (m) autodidáctico	učebnice (ž) pro samouky	[utʃɛbnɪtsɛ pro samoukɪ]
guía (f) de conversación	konverzace (ž)	[konvɛrzatsɛ]
casete (m)	kazeta (ž)	[kazɛta]

videocasete (f)	**videokazeta** (ž)	[vɪdɛokazɛta]
disco compacto, CD (m)	**CD disk** (m)	[ʦɛ:dɛ: dɪsk]
DVD (m)	**DVD** (s)	[dɛvɛdɛ]
alfabeto (m)	**abeceda** (ž)	[abɛʦɛda]
deletrear (vt)	**hláskovat**	[hla:skovat]
pronunciación (f)	**výslovnost** (ž)	[vi:slovnost]
acento (m)	**cizí přízvuk** (m)	[ʦɪzi: prʃi:zvuk]
con acento	**s cizím přízvukem**	[s ʦɪzi:m prʃi:zvukɛm]
sin acento	**bez cizího přízvuku**	[bɛz ʦɪzi:ho prʃi:zvuku]
palabra (f)	**slovo** (s)	[slovo]
significado (m)	**smysl** (m)	[smɪsl]
cursos (m pl)	**kurzy** (m mn)	[kurzɪ]
inscribirse (vr)	**zapsat se**	[zapsat sɛ]
profesor (m) (~ de inglés)	**vyučující** (m)	[vɪuʧuji:ʦi:]
traducción (f) (proceso)	**překlad** (m)	[prʃɛklat]
traducción (f) (texto)	**překlad** (m)	[prʃɛklat]
traductor (m)	**překladatel** (m)	[prʃɛkladatɛl]
intérprete (m)	**tlumočník** (m)	[tlumoʧni:k]
políglota (m)	**polyglot** (m)	[polɪglot]
memoria (f)	**paměť** (ž)	[pamnetʲ]

LAS COMIDAS.
EL RESTAURANTE

T&P Books Publishing

cuchara (f)	lžíce (ž)	[ɮi:tsɛ]
cuchillo (m)	nůž (m)	[nu:ʃ]
tenedor (m)	vidlička (ž)	[vɪdlɪtʃka]
taza (f)	šálek (m)	[ʃa:lɛk]
plato (m)	talíř (m)	[tali:rʃ]
platillo (m)	talířek (m)	[tali:rʒɛk]
servilleta (f)	ubrousek (m)	[ubrousɛk]
mondadientes (m)	párátko (s)	[pa:ra:tko]

restaurante (m)	restaurace (ž)	[rɛstauratsɛ]
cafetería (f)	kavárna (ž)	[kava:rna]
bar (m)	bar (m)	[bar]
salón (m) de té	čajovna (ž)	[tʃajovna]
camarero (m)	číšník (m)	[tʃi:ʃni:k]
camarera (f)	číšnice (ž)	[tʃi:ʃnɪtsɛ]
barman (m)	barman (m)	[barman]
carta (f), menú (m)	jídelní lístek (m)	[ji:dɛlni: li:stɛk]
carta (f) de vinos	nápojový lístek (m)	[na:pojovi: li:stɛk]
reservar una mesa	rezervovat stůl	[rɛzɛrvovat stu:l]
plato (m)	jídlo (s)	[ji:dlo]
pedir (vt)	objednat si	[objɛdnat sɪ]
hacer un pedido	objednat si	[objɛdnat sɪ]
aperitivo (m)	aperitiv (m)	[apɛrɪtɪf]
entremés (m)	předkrm (m)	[prʃɛtkrm]
postre (m)	desert (m)	[dɛsɛrt]
cuenta (f)	účet (m)	[u:tʃɛt]
pagar la cuenta	zaplatit účet	[zaplatɪt u:tʃɛt]
dar la vuelta	dát nazpátek	[da:t naspa:tɛk]
propina (f)	spropitné (s)	[spropɪtnɛ:]

comida (f)	jídlo (s)	[ji:dlo]
comer (vi, vt)	jíst	[ji:st]

desayuno (m)	**snídaně** (ž)	[sni:dane]
desayunar (vi)	**snídat**	[sni:dat]
almuerzo (m)	**oběd** (m)	[obet]
almorzar (vi)	**obědvat**	[obedvat]
cena (f)	**večeře** (ž)	[vɛt͡ʃɛrʒɛ]
cenar (vi)	**večeřet**	[vɛt͡ʃɛrʒɛt]

apetito (m)	**chuť** (ž) **k jídlu**	[xutʲ k ji:dlu]
¡Que aproveche!	**Dobrou chuť!**	[dobrou xutʲ]

abrir (vt)	**otvírat**	[otvi:rat]
derramar (líquido)	**rozlít**	[rozli:t]
derramarse (líquido)	**rozlít se**	[rozli:t sɛ]

hervir (vi)	**vřít**	[vrʒi:t]
hervir (vt)	**vařit**	[varʒɪt]
hervido (agua ~a)	**svařený**	[svarʒɛni:]
enfriar (vt)	**ochladit**	[oxladɪt]
enfriarse (vr)	**ochlazovat se**	[oxlazovat sɛ]

sabor (m)	**chuť** (ž)	[xutʲ]
regusto (m)	**příchuť** (ž)	[prʃi:xutʲ]

adelgazar (vi)	**držet dietu**	[drʒet dɪetu]
dieta (f)	**dieta** (ž)	[dɪeta]
vitamina (f)	**vitamín** (m)	[vɪtami:n]
caloría (f)	**kalorie** (ž)	[kalorɪe]
vegetariano (m)	**vegetarián** (m)	[vɛgɛtarɪa:n]
vegetariano (adj)	**vegetariánský**	[vɛgɛtarɪa:nski:]

grasas (f pl)	**tuky** (m)	[tukɪ]
proteínas (f pl)	**bílkoviny** (ž)	[bi:lkovɪnɪ]
carbohidratos (m pl)	**karbohydráty** (mn)	[karbohɪdrati:]
loncha (f)	**plátek** (m)	[pla:tɛk]
pedazo (m)	**kousek** (m)	[kousɛk]
miga (f)	**drobek** (m)	[drobɛk]

51. Los platos

plato (m)	**jídlo** (s)	[ji:dlo]
cocina (f)	**kuchyně** (ž)	[kuxɪne]
receta (f)	**recept** (m)	[rɛt͡sɛpt]
porción (f)	**porce** (ž)	[portsɛ]

ensalada (f)	**salát** (m)	[sala:t]
sopa (f)	**polévka** (ž)	[polɛ:fka]

caldo (m)	**vývar** (m)	[vi:var]
bocadillo (m)	**obložený chlebíček** (m)	[obloʒeni: xlɛbi:t͡ʃɛk]
huevos (m pl) fritos	**míchaná vejce** (s mn)	[mi:xana: vɛjt͡sɛ]

hamburguesa (f)	**hamburger** (m)	[hamburgɛr]
bistec (m)	**biftek** (m)	[bɪftɛk]

guarnición (f)	**příloha** (ž)	[prʃi:loha]
espagueti (m)	**spagety** (m mn)	[spagɛtɪ]
puré (m) de patatas	**bramborová kaše** (ž)	[bramborova: kaʃɛ]
pizza (f)	**pizza** (ž)	[pɪtsa]
gachas (f pl)	**kaše** (ž)	[kaʃɛ]
tortilla (f) francesa	**omeleta** (ž)	[omɛlɛta]

cocido en agua (adj)	**vařený**	[varʒɛni:]
ahumado (adj)	**uzený**	[uzɛni:]
frito (adj)	**smažený**	[smaʒeni:]
seco (adj)	**sušený**	[suʃɛni:]
congelado (adj)	**zmražený**	[zmraʒeni:]
marinado (adj)	**marinovaný**	[marɪnovani:]

azucarado, dulce (adj)	**sladký**	[slatki:]
salado (adj)	**slaný**	[slani:]
frío (adj)	**studený**	[studɛni:]
caliente (adj)	**teplý**	[tɛpli:]
amargo (adj)	**hořký**	[horʃki:]
sabroso (adj)	**chutný**	[xutni:]

cocer en agua	**vařit**	[varʒɪt]
preparar (la cena)	**vařit**	[varʒɪt]
freír (vt)	**smažit**	[smaʒɪt]
calentar (vt)	**ohřívat**	[ohrʒi:vat]

salar (vt)	**solit**	[solɪt]
poner pimienta	**pepřit**	[pɛprʃɪt]
rallar (vt)	**strouhat**	[strouhat]
piel (f)	**slupka** (ž)	[slupka]
pelar (vt)	**loupat**	[loupat]

52. La comida

carne (f)	**maso** (s)	[maso]
gallina (f)	**slepice** (ž)	[slɛpɪtsɛ]
pollo (m)	**kuře** (s)	[kurʒɛ]
pato (m)	**kachna** (ž)	[kaxna]
ganso (m)	**husa** (ž)	[husa]
caza (f) menor	**zvěřina** (ž)	[zverʒɪna]
pava (f)	**krůta** (ž)	[kru:ta]

carne (f) de cerdo	**vepřové** (s)	[vɛprʃovɛ:]
carne (f) de ternera	**telecí** (s)	[tɛlɛtsi:]
carne (f) de carnero	**skopové** (s)	[skopovɛ:]
carne (f) de vaca	**hovězí** (s)	[hovezi:]
conejo (m)	**králík** (m)	[kra:li:k]

salchichón (m)	**salám** (m)	[sala:m]
salchicha (f)	**párek** (m)	[pa:rɛk]
beicon (m)	**slanina** (ž)	[slanɪna]
jamón (m)	**šunka** (ž)	[ʃuŋka]
jamón (m) fresco	**kýta** (ž)	[ki:ta]

paté (m)	**paštika** (ž)	[paʃtɪka]
hígado (m)	**játra** (s mn)	[ja:tra]
carne (f) picada	**mleté maso** (s)	[mlɛtɛ: maso]
lengua (f)	**jazyk** (m)	[jazɪk]

huevo (m)	**vejce** (s)	[vɛjtsɛ]
huevos (m pl)	**vejce** (s mn)	[vɛjtsɛ]
clara (f)	**bílek** (m)	[bi:lɛk]
yema (f)	**žloutek** (m)	[ʒloutɛk]

pescado (m)	**ryby** (ž mn)	[rɪbɪ]
mariscos (m pl)	**mořské plody** (m mn)	[morʃskɛ: plodɪ]
caviar (m)	**kaviár** (m)	[kavɪa:r]

cangrejo (m) de mar	**krab** (m)	[krap]
camarón (m)	**kreveta** (ž)	[krɛvɛta]
ostra (f)	**ústřice** (ž)	[u:strʃɪtsɛ]
langosta (f)	**langusta** (ž)	[langusta]
pulpo (m)	**chobotnice** (ž)	[xobotnɪtsɛ]
calamar (m)	**sépie** (ž)	[sɛ:pɪe]

esturión (m)	**jeseter** (m)	[jɛsɛtɛr]
salmón (m)	**losos** (m)	[losos]
fletán (m)	**platýs** (m)	[plati:s]

bacalao (m)	**treska** (ž)	[trɛska]
caballa (f)	**makrela** (ž)	[makrɛla]
atún (m)	**tuňák** (m)	[tunʲa:k]
anguila (f)	**úhoř** (m)	[u:horʃ]

trucha (f)	**pstruh** (m)	[pstrux]
sardina (f)	**sardinka** (ž)	[sardɪŋka]
lucio (m)	**štika** (ž)	[ʃtɪka]
arenque (m)	**sleď** (ž)	[slɛtʲ]

pan (m)	**chléb** (m)	[xlɛ:p]
queso (m)	**sýr** (m)	[si:r]
azúcar (m)	**cukr** (m)	[tsukr]
sal (f)	**sůl** (ž)	[su:l]

arroz (m)	**rýže** (ž)	[ri:ʒe]
macarrones (m pl)	**makaróny** (m mn)	[makaro:nɪ]
tallarines (m pl)	**nudle** (ž mn)	[nudlɛ]

mantequilla (f)	**máslo** (s)	[ma:slo]
aceite (m) vegetal	**olej** (m)	[olɛj]

| aceite (m) de girasol | slunečnicový olej (m) | [slunɛtʃnɪtsovi: olɛj] |
| margarina (f) | margarín (m) | [margari:n] |

| olivas, aceitunas (f pl) | olivy (ž) | [olɪvɪ] |
| aceite (m) de oliva | olivový olej (m) | [olɪvovi: olɛj] |

leche (f)	mléko (s)	[mlɛ:ko]
leche (f) condensada	kondenzované mléko (s)	[kondɛnzovanɛ: mlɛ:ko]
yogur (m)	jogurt (m)	[jogurt]
nata (f) agria	kyselá smetana (ž)	[kɪsɛla: smɛtana]
nata (f) líquida	sladká smetana (ž)	[slatka: smɛtana]

| mayonesa (f) | majonéza (ž) | [majonɛ:za] |
| crema (f) de mantequilla | krém (m) | [krɛ:m] |

cereales (m pl) integrales	kroupy (ž mn)	[kroupɪ]
harina (f)	mouka (ž)	[mouka]
conservas (f pl)	konzerva (ž)	[konzɛrva]

copos (m pl) de maíz	kukuřičné vločky (ž mn)	[kukurʒɪtʃnɛ: vlotʃkɪ]
miel (f)	med (m)	[mɛt]
confitura (f)	džem (m)	[dʒem]
chicle (m)	žvýkačka (ž)	[ʒvi:katʃka]

53. Las bebidas

agua (f)	voda (ž)	[voda]
agua (f) potable	pitná voda (ž)	[pɪtna: voda]
agua (f) mineral	minerální voda (ž)	[mɪnɛra:lni: voda]

sin gas	neperlivý	[nɛpɛrlɪvi:]
gaseoso (adj)	perlivý	[pɛrlɪvi:]
con gas	perlivý	[pɛrlɪvi:]
hielo (m)	led (m)	[lɛt]
con hielo	s ledem	[s lɛdɛm]

sin alcohol	nealkoholický	[nɛalkoholɪtski:]
bebida (f) sin alcohol	nealkoholický nápoj (m)	[nɛalkoholɪtski: na:poj]
refresco (m)	osvěžující nápoj (m)	[osvɛʒuji:tsi: na:poj]
limonada (f)	limonáda (ž)	[lɪmona:da]

bebidas (f pl) alcohólicas	alkoholické nápoje (m mn)	[alkoholɪtskɛ: na:pojɛ]
vino (m)	víno (s)	[vi:no]
vino (m) blanco	bílé víno (s)	[bi:lɛ: vi:no]
vino (m) tinto	červené víno (s)	[tʃɛrvɛnɛ: vi:no]

licor (m)	likér (m)	[lɪkɛ:r]
champaña (f)	šampaňské (s)	[ʃampaniskɛ:]
vermú (m)	vermut (m)	[vɛrmut]
whisky (m)	whisky (ž)	[vɪskɪ]

vodka (m)	vodka (ž)	[votka]
ginebra (f)	džin (m)	[dʒɪn]
coñac (m)	koňak (m)	[konʲak]
ron (m)	rum (m)	[rum]
café (m)	káva (ž)	[ka:va]
café (m) solo	černá káva (ž)	[tʃɛrna: ka:va]
café (m) con leche	bílá káva (ž)	[bi:la: ka:va]
capuchino (m)	kapučíno (s)	[kaputʃi:no]
café (m) soluble	rozpustná káva (ž)	[rozpustna: ka:va]
leche (f)	mléko (s)	[mlɛ:ko]
cóctel (m)	koktail (m)	[koktajl]
batido (m)	mléčný koktail (m)	[mlɛtʃni: koktajl]
zumo (m), jugo (m)	šťáva (ž), džus (m)	[ʃtʲa:va], [dʒus]
jugo (m) de tomate	rajčatová šťáva (ž)	[rajtʃatova: ʃtʲa:va]
zumo (m) de naranja	pomerančový džus (m)	[pomɛrantʃovi: dʒus]
zumo (m) fresco	vymačkaná šťáva (ž)	[vɪmatʃkana: ʃtʲa:va]
cerveza (f)	pivo (s)	[pɪvo]
cerveza (f) rubia	světlé pivo (s)	[svetlɛ: pɪvo]
cerveza (f) negra	tmavé pivo (s)	[tmavɛ: pɪvo]
té (m)	čaj (m)	[tʃaj]
té (m) negro	černý čaj (m)	[tʃɛrni: tʃaj]
té (m) verde	zelený čaj (m)	[zɛlɛni: tʃaj]

54. Las verduras

legumbres (f pl)	zelenina (ž)	[zɛlɛnɪna]
verduras (f pl)	zelenina (ž)	[zɛlɛnɪna]
tomate (m)	rajské jablíčko (s)	[rajskɛ: jabli:tʃko]
pepino (m)	okurka (ž)	[okurka]
zanahoria (f)	mrkev (ž)	[mrkɛf]
patata (f)	brambory (ž mn)	[bramborɪ]
cebolla (f)	cibule (ž)	[tsɪbulɛ]
ajo (m)	česnek (m)	[tʃesnɛk]
col (f)	zelí (s)	[zɛli:]
coliflor (f)	květák (m)	[kveta:k]
col (f) de Bruselas	růžičková kapusta (ž)	[ru:ʒɪtʃkova: kapusta]
brócoli (m)	brokolice (ž)	[brokolɪtsɛ]
remolacha (f)	červená řepa (ž)	[tʃɛrvena: rʒɛpa]
berenjena (f)	lilek (m)	[lɪlɛk]
calabacín (m)	cukina, cuketa (ž)	[tsukɪna], [tsuketa]
calabaza (f)	tykev (ž)	[tɪkɛf]
nabo (m)	vodní řepa (ž)	[vodni: rʒɛpa]

perejil (m)	petržel (ž)	[pɛtrʒel]
eneldo (m)	kopr (m)	[kopr]
lechuga (f)	salát (m)	[sala:t]
apio (m)	celer (m)	[tsɛlɛr]
espárrago (m)	chřest (m)	[xrˈʃɛstl]
espinaca (f)	špenát (m)	[ʃpɛnaːtj]

guisante (m)	hrách (m)	[hra:x]
habas (f pl)	boby (m mn)	[bobɪ]
maíz (m)	kukuřice (ž)	[kukurʒɪtsɛ]
fréjol (m)	fazole (ž)	[fazolɛ]

pimiento (m) dulce	pepř (m)	[pɛprʃ]
rábano (m)	ředkvička (ž)	[rʒɛtkvɪtʃka]
alcachofa (f)	artyčok (m)	[artɪtʃok]

55. Las frutas. Las nueces

fruto (m)	ovoce (s)	[ovotsɛ]
manzana (f)	jablko (s)	[jablko]
pera (f)	hruška (ž)	[hruʃka]
limón (m)	citrón (m)	[tsɪtro:n]
naranja (f)	pomeranč (m)	[pomɛrantʃ]
fresa (f)	zahradní jahody (ž mn)	[zahradni: jahodɪ]

mandarina (f)	mandarinka (ž)	[mandarɪŋka]
ciruela (f)	švestka (ž)	[ʃvɛstka]
melocotón (m)	broskev (ž)	[broskɛf]
albaricoque (m)	meruňka (ž)	[mɛrunʲka]
frambuesa (f)	maliny (ž mn)	[malɪnɪ]
piña (f)	ananas (m)	[ananas]

banana (f)	banán (m)	[bana:n]
sandía (f)	vodní meloun (m)	[vodni: mɛloun]
uva (f)	hroznové víno (s)	[hroznovɛ: vi:no]
guinda (f)	višně (ž)	[vɪʃne]
cereza (f)	třešně (ž)	[trʃɛʃne]
melón (m)	cukrový meloun (m)	[tsukrovi: mɛloun]

pomelo (m)	grapefruit (m)	[grɛjpfru:t]
aguacate (m)	avokádo (s)	[avoka:do]
papaya (f)	papája (ž)	[papa:ja]
mango (m)	mango (s)	[mango]
granada (f)	granátové jablko (s)	[grana:tovɛ: jablko]

grosella (f) roja	červený rybíz (m)	[tʃɛrvɛnɪ: rɪbi:z]
grosella (f) negra	černý rybíz (m)	[tʃɛrni: rɪbi:z]
grosella (f) espinosa	angrešt (m)	[angrɛʃt]
arándano (m)	borůvky (ž mn)	[boru:fkɪ]
zarzamoras (f pl)	ostružiny (ž mn)	[ostruʒɪnɪ]

pasas (f pl)	hrozinky (ž mn)	[hrozɪŋkɪ]
higo (m)	fík (m)	[fi:k]
dátil (m)	datle (ž)	[datlɛ]

cacahuete (m)	burský oříšek (m)	[burski: orʒi:ʃɛk]
almendra (f)	mandle (ž)	[mandlɛ]
nuez (f)	vlašský ořech (m)	[vlaʃski: orʒɛx]
avellana (f)	lískový ořech (m)	[li:skovi: orʒɛx]
nuez (f) de coco	kokos (m)	[kokos]
pistachos (m pl)	pistácie (ž)	[pɪsta:tsɪe]

56. El pan. Los dulces

pasteles (m pl)	cukroví (s)	[tsukrovi:]
pan (m)	chléb (m)	[xlɛ:p]
galletas (f pl)	sušenky (ž mn)	[suʃɛŋkɪ]

chocolate (m)	čokoláda (ž)	[tʃokola:da]
de chocolate (adj)	čokoládový	[tʃokola:dovi:]
caramelo (m)	bonbón (m)	[bonbo:n]
tarta (f) (pequeña)	zákusek (m)	[za:kusɛk]
tarta (f) (~ de cumpleaños)	dort (m)	[dort]

| tarta (f) (~ de manzana) | koláč (m) | [kola:tʃ] |
| relleno (m) | nádivka (ž) | [na:dɪfka] |

confitura (f)	zavařenina (ž)	[zavarʒɛnɪna]
mermelada (f)	marmeláda (ž)	[marmɛla:da]
gofre (m)	oplatky (mn)	[oplatkɪ]
helado (m)	zmrzlina (ž)	[zmrzlɪna]

57. Las especias

sal (f)	sůl (ž)	[su:l]
salado (adj)	slaný	[slani:]
salar (vt)	solit	[solɪt]

pimienta (f) negra	černý pepř (m)	[tʃɛrni: pɛprʃ]
pimienta (f) roja	červená paprika (ž)	[tʃɛrvɛna: paprɪka]
mostaza (f)	hořčice (ž)	[horʃtʃɪtsɛ]
rábano (m) picante	křen (m)	[krʃɛn]

condimento (m)	ochucovadlo (s)	[oxutsovadlo]
especia (f)	koření (s)	[korʒɛni:]
salsa (f)	omáčka (ž)	[oma:tʃka]
vinagre (m)	ocet (m)	[otsɛt]
anís (m)	anýz (m)	[ani:z]
albahaca (f)	bazalka (ž)	[bazalka]

clavo (m)	**hřebíček** (m)	[hrʒɛbiːʧɛk]
jengibre (m)	**zázvor** (m)	[zaːzvor]
cilantro (m)	**koriandr** (m)	[korɪandr]
canela (f)	**skořice** (ž)	[skorʒɪtsɛ]
sésamo (m)	**sezam** (m)	[sɛzam]
hoja (f) de laurel	**bobkový list** (m)	[bopkoviː lɪst]
paprika (f)	**paprika** (ž)	[paprɪka]
comino (m)	**kmín** (m)	[kmiːn]
azafrán (m)	**šafrán** (m)	[ʃafraːn]

LA INFORMACIÓN PERSONAL. LA FAMILIA

58. La información personal. Los formularios

nombre (m)	**jméno** (s)	[jmɛ:no]
apellido (m)	**příjmení** (s)	[prʃi:jmɛni:]
fecha (f) de nacimiento	**datum** (s) **narození**	[datum narozɛni:]
lugar (m) de nacimiento	**místo** (s) **narození**	[mi:sto narozɛni:]
nacionalidad (f)	**národnost** (ž)	[na:rodnost]
domicilio (m)	**bydliště** (s)	[bɪdlɪʃte]
país (m)	**země** (ž)	[zɛmnɛ]
profesión (f)	**povolání** (s)	[povola:ni:]
sexo (m)	**pohlaví** (s)	[pohlavi:]
estatura (f)	**postava** (ž)	[postava]
peso (m)	**váha** (ž)	[va:ha]

59. Los familiares. Los parientes

madre (f)	**matka** (ž)	[matka]
padre (m)	**otec** (m)	[otɛts]
hijo (m)	**syn** (m)	[sɪn]
hija (f)	**dcera** (ž)	[dtsɛra]
hija (f) menor	**nejmladší dcera** (ž)	[nɛjmladʃi: dtsɛra]
hijo (m) menor	**nejmladší syn** (m)	[nɛjmladʃi: sɪn]
hija (f) mayor	**nejstarší dcera** (ž)	[nɛjstarʃi: dtsɛra]
hijo (m) mayor	**nejstarší syn** (m)	[nɛjstarʃi: sɪn]
hermano (m)	**bratr** (m)	[bratr]
hermana (f)	**sestra** (ž)	[sɛstra]
primo (m)	**bratranec** (m)	[bratranɛts]
prima (f)	**sestřenice** (ž)	[sɛstrʃɛnɪtsɛ]
mamá (f)	**maminka** (ž)	[mamɪŋka]
papá (m)	**táta** (m)	[ta:ta]
padres (pl)	**rodiče** (m mn)	[rodɪtʃɛ]
niño -a (m, f)	**dítě** (s)	[di:te]
niños (pl)	**děti** (ž mn)	[detɪ]
abuela (f)	**babička** (ž)	[babɪtʃka]
abuelo (m)	**dědeček** (m)	[dedɛtʃɛk]
nieto (m)	**vnuk** (m)	[vnuk]
nieta (f)	**vnučka** (ž)	[vnutʃka]
nietos (pl)	**vnuci** (m mn)	[vnutsɪ]

tío (m)	strýc (m)	[stri:ts]
tía (f)	teta (ž)	[tɛta]
sobrino (m)	synovec (m)	[sɪnovɛts]
sobrina (f)	neteř (ž)	[nɛtɛrʃ]

suegra (f)	tchyně (ž)	[txɪne]
suegro (m)	tchán (m)	[txa:n]
yerno (m)	zeť (m)	[zɛtʲ]
madrastra (f)	nevlastní matka (ž)	[nɛvlastni: matka]
padrastro (m)	nevlastní otec (m)	[nɛvlastni: otɛts]

niño (m) de pecho	kojenec (m)	[kojɛnɛts]
bebé (m)	nemluvně (s)	[nɛmluvne]
chico (m)	děcko (s)	[detsko]

mujer (f)	žena (ž)	[ʒena]
marido (m)	muž (m)	[muʃ]
esposo (m)	manžel (m)	[manʒel]
esposa (f)	manželka (ž)	[manʒelka]

casado (adj)	ženatý	[ʒenati:]
casada (adj)	vdaná	[vdana:]
soltero (adj)	svobodný	[svobodni:]
soltero (m)	mládenec (m)	[mla:dɛnɛts]
divorciado (adj)	rozvedený	[rozvɛdɛni:]
viuda (f)	vdova (ž)	[vdova]
viudo (m)	vdovec (m)	[vdovɛts]

pariente (m)	příbuzný (m)	[prʃi:buzni:]
pariente (m) cercano	blízký příbuzný (m)	[bli:ski: prʃi:buzni:]
pariente (m) lejano	vzdálený příbuzný (m)	[vzda:lɛni: prʃi:buzni:]
parientes (pl)	příbuzenstvo (s)	[prʃi:buzɛnstvo]

huérfano (m), huérfana (f)	sirotek (m, ž)	[sɪrotɛk]
tutor (m)	poručník (m)	[porutʃni:k]
adoptar (un niño)	adoptovat	[adoptovat]
adoptar (una niña)	adoptovat dívku	[adoptovat difku]

60. Los amigos. Los compañeros del trabajo

amigo (m)	přítel (m)	[prʃi:tɛl]
amiga (f)	přítelkyně (ž)	[prʃi:tɛlkɪne]
amistad (f)	přátelství (s)	[prʃa:tɛlstvi:]
ser amigo	kamarádit	[kamara:dɪt]

amigote (m)	kamarád (m)	[kamara:t]
amiguete (f)	kamarádka (ž)	[kamara:tka]
compañero (m)	partner (m)	[partnɛr]
jefe (m)	šéf (m)	[ʃɛ:f]
superior (m)	vedoucí (m)	[vɛdoutsi:]

| subordinado (m) | podřízený (m) | [podrʒi:zɛni:] |
| colega (m, f) | kolega (m) | [kolɛga] |

conocido (m)	známý (m)	[zna:mi:]
compañero (m) de viaje	spolucestuiící (m)	[spolutsɛstuii:tsi:]
condiscípulo (m)	spoluzak (m)	[spoluʒa:k]

vecino (m)	soused (m)	[sousɛt]
vecina (f)	sousedka (ż)	[sousɛtka]
vecinos (pl)	sousedé (m mn)	[sousɛdɛ:]

T&P BOOKS

EL CUERPO. LA MEDICINA

T&P Books Publishing

61. La cabeza

cabeza (f)	**hlava** (ž)	[hlava]
cara (f)	**obličej** (ž)	[oblɪtʃɛj]
nariz (f)	**nos** (m)	[nos]
boca (f)	**ústa** (s mn)	[uːsta]
ojo (m)	**oko** (s)	[oko]
ojos (m pl)	**oči** (s mn)	[otʃɪ]
pupila (f)	**zornice** (ž)	[zornɪtsɛ]
ceja (f)	**obočí** (s)	[obotʃiː]
pestaña (f)	**řasa** (ž)	[rʒasa]
párpado (m)	**víčko** (s)	[viːtʃko]
lengua (f)	**jazyk** (m)	[jazɪk]
diente (m)	**zub** (m)	[zup]
labios (m pl)	**rty** (m mn)	[rtɪ]
pómulos (m pl)	**lícní kosti** (ž mn)	[liːtsni: kostɪ]
encía (f)	**dáseň** (ž)	[daːsɛnʲ]
paladar (m)	**patro** (s)	[patro]
ventanas (f pl)	**chřípí** (s)	[xrʃiː:pi:]
mentón (m)	**brada** (ž)	[brada]
mandíbula (f)	**čelist** (ž)	[tʃɛlɪst]
mejilla (f)	**tvář** (ž)	[tvaːrʃ]
frente (f)	**čelo** (s)	[tʃɛlo]
sien (f)	**spánek** (s)	[spaːnɛk]
oreja (f)	**ucho** (s)	[uxo]
nuca (f)	**týl** (m)	[tiːl]
cuello (m)	**krk** (m)	[krk]
garganta (f)	**hrdlo** (s)	[hrdlo]
pelo, cabello (m)	**vlasy** (m mn)	[vlasɪ]
peinado (m)	**účes** (m)	[uːtʃɛs]
corte (m) de pelo	**střih** (m)	[strʃɪx]
peluca (f)	**paruka** (ž)	[paruka]
bigote (m)	**vousy** (m mn)	[vousɪ]
barba (f)	**plnovous** (m)	[plnovous]
tener (~ la barba)	**nosit**	[nosɪt]
trenza (f)	**cop** (m)	[tsop]
patillas (f pl)	**licousy** (m mn)	[lɪtsousɪ]
pelirrojo (adj)	**zrzavý**	[zrzavi:]
gris, canoso (adj)	**šedivý**	[ʃɛdɪvi:]

| calvo (adj) | lysý | [lɪsi:] |
| calva (f) | lysina (ž) | [lɪsɪna] |

| cola (f) de caballo | ocas (m) | [oʦas] |
| flequillo (m) | ofina (ž) | [ofɪna] |

62. El cuerpo

| mano (f) | ruka (ž) | [ruka] |
| brazo (m) | ruka (ž) | [ruka] |

| dedo (m) | prst (m) | [prst] |
| dedo (m) pulgar | palec (m) | [palɛʦ] |

| dedo (m) meñique | malíček (m) | [mali:ʧɛk] |
| uña (f) | nehet (m) | [nɛhɛt] |

puño (m)	pěst (ž)	[pest]
palma (f)	dlaň (ž)	[dlanʲ]
muñeca (f)	zápěstí (s)	[za:pɛsti:]
antebrazo (m)	předloktí (s)	[prʃɛdlokti:]

| codo (m) | loket (m) | [lokɛt] |
| hombro (m) | rameno (s) | [ramɛno] |

pierna (f)	noha (ž)	[noha]
planta (f)	chodidlo (s)	[xodɪdlo]
rodilla (f)	koleno (s)	[kolɛno]
pantorrilla (f)	lýtko (s)	[li:tko]

| cadera (f) | stehno (s) | [stɛhno] |
| talón (m) | pata (ž) | [pata] |

cuerpo (m)	tělo (s)	[telo]
vientre (m)	břicho (s)	[brʒɪxo]
pecho (m)	prsa (s mn)	[prsa]
seno (m)	prs (m)	[prs]
lado (m), costado (m)	bok (m)	[bok]
espalda (f)	záda (s mn)	[za:da]

| zona (f) lumbar | kříž (m) | [krʃi:ʃ] |
| cintura (f), talle (m) | pás (m) | [pa:s] |

ombligo (m)	pupek (m)	[pupɛk]
nalgas (f pl)	hýždě (ž mn)	[hi:ʒde]
trasero (m)	zadek (m)	[zadɛk]

lunar (m)	mateřské znaménko (s)	[matɛrʃkɛ: znamɛ:ŋko]
tatuaje (m)	tetování (s)	[tɛtova:ni:]
cicatriz (f)	jizva (ž)	[jɪzva]

63. Las enfermedades

enfermedad (f)	nemoc (ž)	[nɛmotsi]
estar enfermo	být nemocný	[bi:t nɛmotsni:]
salud (f)	zdraví (s)	[zdravi:]
resfriado (m) (coriza)	rýma (ž)	[ri:ma]
angina (f)	angína (ž)	[angi:na]
resfriado (m)	nachlazení (s)	[naxlazɛni:]
resfriarse (vr)	nachladit se	[naxladɪt sɛ]
bronquitis (f)	bronchitida (ž)	[bronxɪti:da]
pulmonía (f)	zápal (m) plic	[za:pal plɪts]
gripe (f)	chřipka (ž)	[xrʃɪpka]
miope (adj)	krátkozraký	[kra:tkozraki:]
présbita (adj)	dalekozraký	[dalɛkozraki:]
estrabismo (m)	šilhavost (ž)	[ʃɪlhavost]
estrábico (m) (adj)	šilhavý	[ʃɪlhavi:]
catarata (f)	šedý zákal (m)	[ʃɛdi za:kal]
glaucoma (m)	zelený zákal (m)	[zɛlɛni: za:kal]
insulto (m)	mozková mrtvice (ž)	[moskova: mrtvɪtsɛ]
ataque (m) cardiaco	infarkt (m)	[ɪnfarkt]
infarto (m) de miocardio	infarkt (m) myokardu	[ɪnfarkt mɪokardu]
parálisis (f)	obrna (ž)	[obrna]
paralizar (vt)	paralyzovat	[paralɪzovat]
alergia (f)	alergie (ž)	[alɛrgɪe]
asma (f)	astma (s)	[astma]
diabetes (f)	cukrovka (ž)	[tsukrofka]
dolor (m) de muelas	bolení (s) zubů	[bolɛni: zubu:]
caries (f)	zubní kaz (m)	[zubni: kaz]
diarrea (f)	průjem (m)	[pru:jɛm]
estreñimiento (m)	zácpa (ž)	[za:tspa]
molestia (f) estomacal	žaludeční potíže (ž mn)	[ʒaludɛtʃni: poti:ʒe]
envenenamiento (m)	otrava (ž)	[otrava]
envenenarse (vr)	otrávit se	[otra:vɪt sɛ]
artritis (f)	artritida (ž)	[artrɪtɪda]
raquitismo (m)	rachitida (ž)	[raxɪtɪda]
reumatismo (m)	revmatismus (m)	[rɛvmatɪzmus]
ateroesclerosis (f)	ateroskleróza (ž)	[atɛrosklɛro:za]
gastritis (f)	gastritida (ž)	[gastrɪtɪda]
apendicitis (f)	apendicitida (ž)	[apɛndɪtsɪtɪda]
colecistitis (f)	zánět (m) žlučníku	[za:net ʒlutʃni:ku]
úlcera (f)	vřed (m)	[vrʒɛt]
sarampión (m)	spalničky (ž mn)	[spalnɪtʃki:]

rubeola (f)	zardĕnky (ž mn)	[zardeŋkɪ]
ictericia (f)	žloutenka (ž)	[ʒloutɛŋka]
hepatitis (f)	hepatitida (ž)	[hɛpatɪtɪda]

esquizofrenia (f)	schizofrenie (ž)	[sxɪzofrɛnɪe]
rabia (f) (hidrofobia)	vzteklina (ž)	[vstɛklɪna]
neurosis (f)	neuróza (ž)	[nɛuro:za]
conmoción (f) cerebral	otřes (m) mozku	[otrʃɛs mosku]

cáncer (m)	rakovina (ž)	[rakovɪna]
esclerosis (f)	skleróza (ž)	[sklɛro:za]
esclerosis (m) múltiple	roztroušená skleróza (ž)	[roztrouʃena: sklɛro:za]

alcoholismo (m)	alkoholismus (m)	[alkoholɪzmus]
alcohólico (m)	alkoholik (m)	[alkoholɪk]
sífilis (f)	syfilida (ž)	[sɪfɪlɪda]
SIDA (m)	AIDS (m)	[ajts]

tumor (m)	nádor (m)	[na:dor]
maligno (adj)	zhoubný	[zhoubni:]
benigno (adj)	nezhoubný	[nɛzhoubni:]

fiebre (f)	zimnice (ž)	[zɪmnɪʦɛ]
malaria (f)	malárie (ž)	[mala:rɪe]
gangrena (f)	gangréna (ž)	[gangrɛ:na]
mareo (m)	mořská nemoc (ž)	[morʃska: nɛmoʦs]
epilepsia (f)	padoucnice (ž)	[padouʦsnɪʦɛ]

epidemia (f)	epidemie (ž)	[ɛpɪdɛmɪe]
tifus (m)	tyf (m)	[tɪf]
tuberculosis (f)	tuberkulóza (ž)	[tubɛrkulo:za]
cólera (f)	cholera (ž)	[xolɛra]
peste (f)	mor (m)	[mor]

64. Los síntomas. Los tratamientos. Unidad 1

síntoma (m)	příznak (m)	[prʃi:znak]
temperatura (f)	teplota (ž)	[tɛplota]
fiebre (f)	vysoká teplota (ž)	[vɪsoka: tɛplota]
pulso (m)	tep (m)	[tɛp]

mareo (m) (vértigo)	závrať (ž)	[za:vratʲ]
caliente (adj)	horký	[horki:]
escalofrío (m)	mrazení (s)	[mrazɛni:]
pálido (adj)	bledý	[blɛdi:]

tos (f)	kašel (m)	[kaʃɛl]
toser (vi)	kašlat	[kaʃlat]
estornudar (vi)	kýchat	[ki:xat]
desmayo (m)	mdloby (ž mn)	[mdlobɪ]

desmayarse (vr)	upadnout do mdlob	[upadnout do mdlop]
moradura (f)	modřina (ž)	[modrʒɪna]
chichón (m)	boule (ž)	[boulɛ]
golpearse (vr)	uhodit se	[uhodɪt sɛ]
magulladura (f)	pohmožděnina (?)	[pɒhmɒʒdɒnɪna]
magullarse (vr)	uhodit se	[uhodɪt sɛ]
cojear (vi)	kulhat	[kulhat]
dislocación (f)	vykloubení (s)	[vɪkloubɛni:]
dislocar (vt)	vykloubit	[vɪkloubɪt]
fractura (f)	zlomenina (ž)	[zlomɛnɪna]
tener una fractura	dostat zlomeninu	[dostat zlomɛnɪnu]
corte (m) (tajo)	říznutí (s)	[rʒi:znuti:]
cortarse (vr)	říznout se	[rʒi:znout sɛ]
hemorragia (f)	krvácení (s)	[krva:tsɛni:]
quemadura (f)	popálenina (ž)	[popa:lɛnɪna]
quemarse (vr)	spálit se	[spa:lɪt sɛ]
pincharse (~ el dedo)	píchnout	[pi:xnout]
pincharse (vr)	píchnout se	[pi:xnout sɛ]
herir (vt)	pohmoždit	[pohmoʒdɪt]
herida (f)	pohmoždění (s)	[pohmoʒdeni:]
lesión (f) (herida)	rána (ž)	[ra:na]
trauma (m)	úraz (m)	[u:raz]
delirar (vi)	blouznit	[blouznɪt]
tartamudear (vi)	zajíkat se	[zaji:kat sɛ]
insolación (f)	úpal (m)	[u:pal]

65. Los síntomas. Los tratamientos. Unidad 2

dolor (m)	bolest (ž)	[bolɛst]
astilla (f)	tříska (ž)	[trʃi:ska]
sudor (m)	pot (m)	[pot]
sudar (vi)	potit se	[potɪt sɛ]
vómito (m)	zvracení (s)	[zvratsɛni:]
convulsiones (f pl)	křeče (ž mn)	[krʃɛtʃɛ]
embarazada (adj)	těhotná	[tehotna:]
nacer (vi)	narodit se	[narodɪt sɛ]
parto (m)	porod (m)	[porot]
dar a luz	rodit	[rodɪt]
aborto (m)	umělý potrat (m)	[umeli: potrat]
respiración (f)	dýchání (s)	[di:xa:ni:]
inspiración (f)	vdech (m)	[vdɛx]
espiración (f)	výdech (m)	[vi:dɛx]

| espirar (vi) | vydechnout | [vɪdɛxnout] |
| inspirar (vi) | nadechnout se | [nadɛxnout sɛ] |

inválido (m)	invalida (m)	[ɪnvalɪda]
mutilado (m)	mrzák (m)	[mrzaːk]
drogadicto (m)	narkoman (m)	[narkoman]

| sordo (adj) | hluchý | [hluxiː] |
| mudo (adj) | němý | [nemiː] |

loco (adj)	šílený	[ʃiːlɛniː]
loco (m)	šílenec (m)	[ʃiːlɛnɛts]
loca (f)	šílenec (ž)	[ʃiːlɛnɛts]
volverse loco	zešílet	[zɛʃiːlɛt]

gen (m)	gen (m)	[gɛn]
inmunidad (f)	imunita (ž)	[ɪmunɪta]
hereditario (adj)	dědičný	[dedɪt͡ʃniː]
de nacimiento (adj)	vrozený	[vrozɛniː]

virus (m)	virus (m)	[vɪrus]
microbio (m)	mikrob (m)	[mɪkrop]
bacteria (f)	baktérie (ž)	[baktɛːrɪe]
infección (f)	infekce (ž)	[ɪnfɛktsɛ]

66. Los síntomas. Los tratamientos. Unidad 3

| hospital (m) | nemocnice (ž) | [nɛmotsnɪtsɛ] |
| paciente (m) | pacient (m) | [patsɪent] |

diagnosis (f)	diagnóza (ž)	[dɪagnoːza]
cura (f)	léčení (s)	[lɛːt͡ʃɛniː]
tratamiento (m)	léčba (ž)	[lɛːt͡ʃba]
curarse (vr)	léčit se	[lɛːt͡ʃɪt sɛ]
tratar (vt)	léčit	[lɛːt͡ʃɪt]
cuidar (a un enfermo)	ošetřovat	[oʃɛtrʃovat]
cuidados (m pl)	ošetřování (s)	[oʃɛtrʃovaːniː]

operación (f)	operace (ž)	[opɛratsɛ]
vendar (vt)	obvázat	[obvaːzat]
vendaje (m)	obvazování (s)	[obvazovaːniː]

vacunación (f)	očkování (s)	[ot͡ʃkovaːniː]
vacunar (vt)	dělat očkování	[delat ot͡ʃkovaːniː]
inyección (f)	injekce (ž)	[ɪnjɛktsɛ]
aplicar una inyección	dávat injekci	[daːvat ɪnjɛktsɪ]

ataque (m)	záchvat (m)	[zaːxvat]
amputación (f)	amputace (ž)	[amputatsɛ]
amputar (vt)	amputovat	[amputovat]

153

coma (m)	kóma (s)	[ko:ma]
estar en coma	být v kómatu	[bi:t v ko:matu]
revitalización (f)	reanimace (ž)	[rɛanɪmaʦɛ]
recuperarse (vr)	uzdravovat se	[uzdravovat sɛ]
estado (m) (de salud)	stav (m)	[staf]
consciencia (f)	vědomí (s)	[vedomi:]
memoria (f)	paměť (ž)	[pamnetʲ]
extraer (un diente)	trhat	[trhat]
empaste (m)	plomba (ž)	[plomba]
empastar (vt)	plombovat	[plombovat]
hipnosis (f)	hypnóza (ž)	[hɪpno:za]
hipnotizar (vt)	hypnotizovat	[hɪpnotɪzovat]

67. La medicina. Las drogas. Los accesorios

medicamento (m), droga (f)	lék (m)	[lɛ:k]
remedio (m)	prostředek (m)	[prostrʃɛdɛk]
prescribir (vt)	předepsat	[prʒɛdɛpsat]
receta (f)	recept (m)	[rɛʦɛpt]
tableta (f)	tableta (ž)	[tablɛta]
ungüento (m)	mast (ž)	[mast]
ampolla (f)	ampule (ž)	[ampulɛ]
mixtura (f), mezcla (f)	mixtura (ž)	[mɪkstura]
sirope (m)	sirup (m)	[sɪrup]
píldora (f)	pilulka (ž)	[pɪlulka]
polvo (m)	prášek (m)	[pra:ʃɛk]
venda (f)	obvaz (m)	[obvaz]
algodón (m) (discos de ~)	vata (ž)	[vata]
yodo (m)	jód (m)	[jo:t]
tirita (f), curita (f)	leukoplast (m)	[lɛukoplast]
pipeta (f)	pipeta (ž)	[pɪpɛta]
termómetro (m)	teploměr (m)	[tɛplomner]
jeringa (f)	injekční stříkačka (ž)	[ɪnjɛkʧni: strʃi:kaʧka]
silla (f) de ruedas	vozík (m)	[vozi:k]
muletas (f pl)	berle (ž mn)	[bɛrlɛ]
anestésico (m)	anestetikum (s)	[anɛstɛtɪkum]
purgante (m)	projímadlo (s)	[proji:madlo]
alcohol (m)	líh (m)	[li:x]
hierba (f) medicinal	bylina (ž)	[bɪlɪna]
de hierbas (té ~)	bylinný	[bɪlɪnni:]

EL APARTAMENTO

T&P Books Publishing

68. El apartamento

apartamento (m)	byt (m)	[bɪt]
habitación (f)	pokoj (m)	[pokoj]
dormitorio (m)	ložnice (ž)	[loʒnɪtsɛ]
comedor (m)	jídelna (ž)	[jiːdɛlna]
salón (m)	přijímací pokoj (m)	[prʃɪjiːmatsi pokoj]
despacho (m)	pracovna (ž)	[pratsovna]
antecámara (f)	předsíň (ž)	[prʃɛtsiːnʲ]
cuarto (m) de baño	koupelna (ž)	[koupɛlna]
servicio (m)	záchod (m)	[zaːxot]
techo (m)	strop (m)	[strop]
suelo (m)	podlaha (ž)	[podlaha]
rincón (m)	kout (m)	[kout]

69. Los muebles. El interior

muebles (m pl)	nábytek (m)	[naːbɪtɛk]
mesa (f)	stůl (m)	[stuːl]
silla (f)	židle (ž)	[ʒɪdlɛ]
cama (f)	lůžko (s)	[luːʃko]
sofá (m)	pohovka (ž)	[pohofka]
sillón (m)	křeslo (s)	[krʃɛslo]
librería (f)	knihovna (ž)	[knɪhovna]
estante (m)	police (ž)	[polɪtsɛ]
armario (m)	skříň (ž)	[skrʃiːnʲ]
percha (f)	předsíňový věšák (m)	[prʃɛdsiːnovi vɛʃaːk]
perchero (m) de pie	stojanový věšák (m)	[stojanoviː vɛʃaːk]
cómoda (f)	prádelník (m)	[praːdɛlniːk]
mesa (f) de café	konferenční stolek (m)	[konfɛrɛntʃni stolɛk]
espejo (m)	zrcadlo (s)	[zrtsadlo]
tapiz (m)	koberec (m)	[kobɛrɛts]
alfombra (f)	kobereček (m)	[kobɛrɛtʃɛk]
chimenea (f)	krb (m)	[krp]
vela (f)	svíce (ž)	[sviːtsɛ]
candelero (m)	svícen (m)	[sviːtsɛn]
cortinas (f pl)	záclony (ž mn)	[zaːtslonɪ]

| empapelado (m) | tapety (ž mn) | [tapɛtɪ] |
| estor (m) de láminas | žaluzie (ž) | [ʒaluzɪe] |

lámpara (f) de mesa	stolní lampa (ž)	[stolni: lampa]
aplique (m)	svítidlo (s)	[svi:tɪdlo]
lámpara (f) de pie	stojací lampa (ž)	[stojaʦi: lampa]
lámpara (f) de araña	lustr (m)	[lustr]

pata (f) (~ de la mesa)	noha (ž)	[noha]
brazo (m)	područka (ž)	[podruʧka]
espaldar (m)	opěradlo (s)	[operadlo]
cajón (m)	zásuvka (ž)	[za:sufka]

70. Los accesorios de cama

ropa (f) de cama	ložní prádlo (s)	[loʒni: pra:dlo]
almohada (f)	polštář (m)	[polʃta:rʃ]
funda (f)	povlak (m) na polštář	[povlak na polʃta:rʒ]
manta (f)	deka (ž)	[dɛka]
sábana (f)	prostěradlo (s)	[prosteradlo]
sobrecama (f)	přikrývka (ž)	[prʃɪkri:fka]

71. La cocina

cocina (f)	kuchyně (ž)	[kuxɪne]
gas (m)	plyn (m)	[plɪn]
cocina (f) de gas	plynový sporák (m)	[plɪnovi: spora:k]
cocina (f) eléctrica	elektrický sporák (m)	[ɛlɛktrɪʦki: spora:k]
horno (m)	trouba (ž)	[trouba]
horno (m) microondas	mikrovlnná pec (ž)	[mɪkrovlnna: pɛʦ]

frigorífico (m)	lednička (ž)	[lɛdnɪʧka]
congelador (m)	mrazicí komora (ž)	[mrazɪʦi: komora]
lavavajillas (m)	myčka (ž) nádobí	[mɪʧka na:dobi:]

picadora (f) de carne	mlýnek (m) na maso	[mli:nɛk na maso]
exprimidor (m)	odšťavňovač (m)	[otʃtʲavnʲovaʧ]
tostador (m)	opékač (m) topinek	[opɛ:kaʧ topɪnɛk]
batidora (f)	mixér (m)	[mɪksɛ:r]

cafetera (f) (aparato de cocina)	kávovar (m)	[ka:vovar]
cafetera (f) (para servir)	konvice (ž) na kávu	[konvɪʦɛ na ka:vu]
molinillo (m) de café	mlýnek (m) na kávu	[mli:nɛk na ka:vu]

hervidor (m) de agua	čajník (m)	[ʧajni:k]
tetera (f)	čajová konvice (ž)	[ʧajova: konvɪʦɛ]
tapa (f)	poklička (ž)	[poklɪʧka]

colador (m) de té	cedítko (s)	[tsɛdi:tko]
cuchara (f)	lžíce (ž)	[lʒi:tsɛ]
cucharilla (f)	kávová lžička (ž)	[ka:vova: lʒɪtʃka]
cuchara (f) de sopa	polévková lžíce (ž)	[polɛ:fkova: lʒi:tsɛ]
tenedor (m)	vidlička (ž)	[vɪdlɪtʃka]
cuchillo (m)	nůž (m)	[nu:ʃ]

vajilla (f)	nádobí (s)	[na:dobi:]
plato (m)	talíř (m)	[tali:rʃ]
platillo (m)	talířek (m)	[tali:rʒɛk]

vaso (m) de chupito	sklenička (ž)	[sklɛnɪtʃka]
vaso (m) (~ de agua)	sklenice (ž)	[sklɛnɪtsɛ]
taza (f)	šálek (m)	[ʃa:lɛk]

azucarera (f)	cukřenka (ž)	[tsukrʃɛŋka]
salero (m)	solnička (ž)	[solnɪtʃka]
pimentero (m)	pepřenka (ž)	[pɛprʃɛŋka]
mantequera (f)	nádobka (ž) na máslo	[na:dopka na ma:slo]

cacerola (f)	hrnec (m)	[hrnɛts]
sartén (f)	pánev (ž)	[pa:nɛf]
cucharón (m)	naběračka (ž)	[nabɛratʃka]
colador (m)	cedník (m)	[tsɛdni:k]
bandeja (f)	podnos (m)	[podnos]

botella (f)	láhev (ž)	[la:hɛf]
tarro (m) de vidrio	sklenice (ž)	[sklɛnɪtsɛ]
lata (f)	plechovka (ž)	[plɛxofka]

abrebotellas (m)	otvírač (m) lahví	[otvi:ratʃ lahvi:]
abrelatas (m)	otvírač (m) konzerv	[otvi:ratʃ konzɛrf]
sacacorchos (m)	vývrtka (ž)	[vi:vrtka]
filtro (m)	filtr (m)	[fɪltr]
filtrar (vt)	filtrovat	[fɪltrovat]

| basura (f) | odpadky (m mn) | [otpatki:] |
| cubo (m) de basura | kbelík (m) na odpadky | [gbɛli:k na otpatkɪ] |

72. El baño

cuarto (m) de baño	koupelna (ž)	[koupɛlna]
agua (f)	voda (ž)	[voda]
grifo (m)	kohout (m)	[kohout]
agua (f) caliente	teplá voda (ž)	[tɛpla: voda]
agua (f) fría	studená voda (ž)	[studɛna: voda]

pasta (f) de dientes	zubní pasta (ž)	[zubni: pasta]
limpiarse los dientes	čistit si zuby	[tʃɪstɪt sɪ zubɪ]
afeitarse (vr)	holit se	[holɪt sɛ]

| espuma (f) de afeitar | pěna (ž) na holení | [pena na holɛni:] |
| maquinilla (f) de afeitar | holicí strojek (m) | [holɪtsi: strojɛk] |

lavar (vt)	mýt	[mi:t]
darse un baño	mýt se	[mi:t sɛ]
ducha (f)	sprcha (ž)	[sprxa]
darse una ducha	sprchovat se	[sprxovat sɛ]

bañera (f)	vana (ž)	[vana]
inodoro (m)	záchodová mísa (ž)	[za:xodova: mi:sa]
lavabo (m)	umývadlo (s)	[umi:vadlo]

| jabón (m) | mýdlo (m) | [mi:dlo] |
| jabonera (f) | miska (ž) na mýdlo | [mɪska na mi:dlo] |

esponja (f)	mycí houba (ž)	[mɪtsi: houba]
champú (m)	šampon (m)	[ʃampon]
toalla (f)	ručník (m)	[rutʃni:k]
bata (f) de baño	župan (m)	[ʒupan]

colada (f), lavado (m)	praní (s)	[prani:]
lavadora (f)	pračka (ž)	[pratʃka]
lavar la ropa	prát	[pra:t]
detergente (m) en polvo	prací prášek (m)	[pratsi: pra:ʃɛk]

73. Los aparatos domésticos

televisor (m)	televizor (m)	[tɛlɛvɪzor]
magnetófono (m)	magnetofon (m)	[magnɛtofon]
vídeo (m)	videomagnetofon (m)	[vɪdɛomagnɛtofon]
radio (m)	přijímač (m)	[prʃɪji:matʃ]
reproductor (m) (~ MP3)	přehrávač (m)	[prʃɛhra:vatʃ]

proyector (m) de vídeo	projektor (m)	[projɛktor]
sistema (m) home cinema	domácí biograf (m)	[doma:tsi: bɪograf]
reproductor (m) de DVD	DVD přehrávač (m)	[dɛvɛdɛ prʃɛhra:vatʃ]
amplificador (m)	zesilovač (m)	[zɛsɪlovatʃ]
videoconsola (f)	hrací přístroj (m)	[hratsi: prʃi:stroj]

cámara (f) de vídeo	videokamera (ž)	[vɪdɛokamɛra]
cámara (f) fotográfica	fotoaparát (m)	[fotoapara:t]
cámara (f) digital	digitální fotoaparát (m)	[dɪgɪta:lni: fotoapara:t]

aspirador (m), aspiradora (f)	vysavač (m)	[vɪsavatʃ]
plancha (f)	žehlička (ž)	[ʒehlɪtʃka]
tabla (f) de planchar	žehlicí prkno (s)	[ʒehlɪtsi: prkno]

teléfono (m)	telefon (m)	[tɛlɛfon]
teléfono (m) móvil	mobilní telefon (m)	[mobɪlni: tɛlɛfon]
máquina (f) de escribir	psací stroj (m)	[psatsi: stroj]

máquina (f) de coser	**šicí stroj** (m)	[ʃɪtsi: stroj]
micrófono (m)	**mikrofon** (m)	[mɪkrofon]
auriculares (m pl)	**sluchátka** (s mn)	[sluxa:tka]
mando (m) a distancia	**ovládač** (m)	[ovla:datʃ]
CD (m)	**CD disk** (m)	[tsɛ:dɛ: dɪsk]
casete (m)	**kazeta** (ž)	[kazɛta]
disco (m) de vinilo	**deska** (ž)	[dɛska]

T&P BOOKS

LA TIERRA. EL TIEMPO

T&P Books Publishing

cosmos (m)	kosmos (m)	[kosmos]
espacial, cósmico (adj)	kosmický	[kosmɪtski:]
espacio (m) cósmico	kosmický prostor (m)	[kosmɪtski: prostor]

| mundo (m), universo (m) | vesmír (m) | [vɛsmi:r] |
| galaxia (f) | galaxie (ž) | [galaksɪe] |

estrella (f)	hvězda (ž)	[hvezda]
constelación (f)	souhvězdí (s)	[souhvezdi:]
planeta (m)	planeta (ž)	[planɛta]
satélite (m)	družice (ž)	[druʒɪtsɛ]

meteorito (m)	meteorit (m)	[mɛtɛorɪt]
cometa (m)	kometa (ž)	[komɛta]
asteroide (m)	asteroid (m)	[astɛroɪt]

órbita (f)	oběžná dráha (ž)	[obeʒna: dra:ha]
girar (vi)	otáčet se	[ota:tʃɛt sɛ]
atmósfera (f)	atmosféra (ž)	[atmosfɛ:ra]

Sol (m)	Slunce (s)	[sluntsɛ]
sistema (m) solar	sluneční soustava (ž)	[slunɛtʃni: soustava]
eclipse (m) de Sol	sluneční zatmění (s)	[slunɛtʃni: zatmneni:]

| Tierra (f) | Země (ž) | [zɛmnɛ] |
| Luna (f) | Měsíc (m) | [mnesi:ts] |

Marte (m)	Mars (m)	[mars]
Venus (f)	Venuše (ž)	[vɛnuʃɛ]
Júpiter (m)	Jupiter (m)	[jupɪtɛr]
Saturno (m)	Saturn (m)	[saturn]

Mercurio (m)	Merkur (m)	[mɛrkur]
Urano (m)	Uran (m)	[uran]
Neptuno (m)	Neptun (m)	[nɛptun]
Plutón (m)	Pluto (s)	[pluto]

la Vía Láctea	Mléčná dráha (ž)	[mlɛ:tʃna: dra:ha]
la Osa Mayor	Velká medvědice (ž)	[vɛlka: mɛdvedɪtsɛ]
la Estrella Polar	Polárka (ž)	[pola:rka]

marciano (m)	Marťan (m)	[martʲan]
extraterrestre (m)	mimozemšťan (m)	[mɪmozɛmʃtʲan]
planetícola (m)	vetřelec (m)	[vɛtrʃɛlɛts]

platillo (m) volante	létající talíř (m)	[lɛ:taji:tsi: tali:rʃ]
nave (f) espacial	kosmická loď (ž)	[kosmɪtska: lotʲ]
estación (f) orbital	orbitální stanice (ž)	[orbɪta:lni: stanɪtsɛ]
despegue (m)	start (m)	[start]

motor (m)	motor (m)	[motor]
tobera (f)	tryska (ž)	[trɪska]
combustible (m)	palivo (s)	[palɪvo]

carlinga (f)	kabina (ž)	[kabɪna]
antena (f)	anténa (ž)	[antɛ:na]
ventana (f)	okénko (s)	[okɛ:ŋko]
batería (f) solar	sluneční baterie (ž)	[slunɛtʃni: batɛrɪe]
escafandra (f)	skafandr (m)	[skafandr]

| ingravidez (f) | beztížný stav (m) | [bɛzti:ʒni: staf] |
| oxígeno (m) | kyslík (m) | [kɪsli:k] |

| atraque (m) | spojení (s) | [spojɛni:] |
| realizar el atraque | spojovat se | [spojovat sɛ] |

observatorio (m)	observatoř (ž)	[opsɛrvatorʃ]
telescopio (m)	teleskop (m)	[tɛlɛskop]
observar (vt)	pozorovat	[pozorovat]
explorar (~ el universo)	zkoumat	[skoumat]

75. La tierra

Tierra (f)	Země (ž)	[zɛmnɛ]
globo (m) terrestre	zeměkoule (ž)	[zɛmnekoulɛ]
planeta (m)	planeta (ž)	[planɛta]

atmósfera (f)	atmosféra (ž)	[atmosfɛ:ra]
geografía (f)	zeměpis (m)	[zɛmnepɪs]
naturaleza (f)	příroda (ž)	[prʃi:roda]

globo (m) terráqueo	glóbus (m)	[glo:bus]
mapa (m)	mapa (ž)	[mapa]
atlas (m)	atlas (m)	[atlas]

Europa (f)	Evropa (ž)	[ɛvropa]
Asia (f)	Asie (ž)	[azɪe]
África (f)	Afrika (ž)	[afrɪka]
Australia (f)	Austrálie (ž)	[austra:lɪe]

América (f)	Amerika (ž)	[amɛrɪka]
América (f) del Norte	Severní Amerika (ž)	[sɛvɛrni: amɛrɪka]
América (f) del Sur	Jižní Amerika (ž)	[jɪʒni: amɛrɪka]
Antártida (f)	Antarktida (ž)	[antarkti:da]
Ártico (m)	Arktida (ž)	[arktɪda]

76. Los puntos cardinales

norte (m)	sever (m)	[sɛvɛr]
al norte	na sever	[na sɛvɛr]
en el norte	na severu	[na sɛvɛru]
del norte (adj)	severní	[sɛvɛrni:]
sur (m)	jih (m)	[jɪx]
al sur	na jih	[na jɪx]
en el sur	na jihu	[na jɪhu]
del sur (adj)	jižní	[jɪʒni:]
oeste (m)	západ (m)	[za:pat]
al oeste	na západ	[na za:pat]
en el oeste	na západě	[na za:pade]
del oeste (adj)	západní	[za:padni:]
este (m)	východ (m)	[vi:xot]
al este	na východ	[na vi:xot]
en el este	na východě	[na vi:xode]
del este (adj)	východní	[vi:xodni:]

77. El mar. El océano

mar (m)	moře (s)	[morʒɛ]
océano (m)	oceán (m)	[otsɛa:n]
golfo (m)	záliv (m)	[za:lɪf]
estrecho (m)	průliv (m)	[pru:lɪf]
continente (m)	pevnina (ž)	[pɛvnɪna]
isla (f)	ostrov (m)	[ostrof]
península (f)	poloostrov (m)	[poloostrof]
archipiélago (m)	souostroví (s)	[souostrovi:]
bahía (f)	zátoka (ž)	[za:toka]
ensenada, bahía (f)	přístav (m)	[prʃi:staf]
laguna (f)	laguna (ž)	[lagu:na]
cabo (m)	mys (m)	[mɪs]
atolón (m)	atol (m)	[atol]
arrecife (m)	útes (m)	[u:tɛs]
coral (m)	korál (m)	[kora:l]
arrecife (m) de coral	korálový útes (m)	[kora:lovi: u:tɛs]
profundo (adj)	hluboký	[hluboki:]
profundidad (f)	hloubka (ž)	[hloupka]
abismo (m)	hlubina (ž)	[hlubɪna]
fosa (f) oceánica	prohlubeň (ž)	[prohlubɛnʲ]
corriente (f)	proud (m)	[prout]

bañar (rodear)	omývat	[omi:vat]
orilla (f)	břeh (m)	[brʒɛx]
costa (f)	pobřeží (s)	[pobrʒɛʒi:]

flujo (m)	příliv (m)	[prʃi:lɪf]
reflujo (m)	odliv (m)	[odlɪf]
banco (m) de arena	mělčina (ž)	[mneltʃɪna]
fondo (m)	dno (s)	[dno]

ola (f)	vlna (ž)	[vlna]
cresta (f) de la ola	hřbet (m) vlny	[hrʒbɛt vlnɪ]
espuma (f)	pěna (ž)	[pena]

tempestad (f)	bouřka (ž)	[bourʃka]
huracán (m)	hurikán (m)	[hurɪka:n]
tsunami (m)	tsunami (s)	[tsunamɪ]
bonanza (f)	bezvětří (s)	[bɛzvetrʃi:]
calmo, tranquilo	klidný	[klɪdni:]

| polo (m) | pól (m) | [po:l] |
| polar (adj) | polární | [pola:rni:] |

latitud (f)	šířka (ž)	[ʃi:rʃka]
longitud (f)	délka (ž)	[dɛ:lka]
paralelo (m)	rovnoběžka (ž)	[rovnobeʃka]
ecuador (m)	rovník (m)	[rovni:k]

cielo (m)	obloha (ž)	[obloha]
horizonte (m)	horizont (m)	[horɪzont]
aire (m)	vzduch (m)	[vzdux]

faro (m)	maják (m)	[maja:k]
bucear (vi)	potápět se	[pota:pet sɛ]
hundirse (vr)	potopit se	[potopɪt sɛ]
tesoros (m pl)	bohatství (s)	[bohatstvi:]

78. Los nombres de los mares y los océanos

océano (m) Atlántico	Atlantický oceán (m)	[atlantɪtski: otsɛa:n]
océano (m) Índico	Indický oceán (m)	[ɪndɪtski: otsɛa:n]
océano (m) Pacífico	Tichý oceán (m)	[tɪxi: otsɛa:n]
océano (m) Glacial Ártico	Severní ledový oceán (m)	[sɛvɛrni: lɛdovi: otsɛa:n]

mar (m) Negro	Černé moře (s)	[tʃɛrnɛ: morʒɛ]
mar (m) Rojo	Rudé moře (s)	[rudɛ: morʒɛ]
mar (m) Amarillo	Žluté moře (s)	[ʒlutɛ: morʒɛ]
mar (m) Blanco	Bílé moře (s)	[bi:lɛ: morʒɛ]

| mar (m) Caspio | Kaspické moře (s) | [kaspɪtskɛ: morʒɛ] |
| mar (m) Muerto | Mrtvé moře (s) | [mrtvɛ: morʒɛ] |

mar (m) Mediterráneo	Středozemní moře (s)	[strʃɛdozɛmni: morʒɛ]
mar (m) Egeo	Egejské moře (s)	[ɛgɛjskɛ: morʒɛ]
mar (m) Adriático	Jaderské moře (s)	[jadɛrskɛ: morʒɛ]

mar (m) Arábigo	Arabｅｌﾄﾟ moゎe (ꜱ)	[arａｐｏｌｕ. ｍｏｉʒｅ]
mar (m) del Japón	Japonské moře (s)	[japonskɛ: morʒɛ]
mar (m) de Bering	Beringovo moře (s)	[bɛrɪngovo morʒɛ]
mar (m) de la China Meridional	Jihočínské moře (s)	[jɪhotʃi:nskɛ: morʒɛ]

mar (m) del Coral	Korálové moře (s)	[kora:lovɛ: morʒɛ]
mar (m) de Tasmania	Tasmanovo moře (s)	[tasmanovo morʒɛ]
mar (m) Caribe	Karibské moře (s)	[karɪpskɛ: morʒɛ]

| mar (m) de Barents | Barentsovo moře (s) | [barɛntsovo morʒɛ] |
| mar (m) de Kara | Karské moře (s) | [karskɛ: morʒɛ] |

mar (m) del Norte	Severní moře (s)	[sɛvɛrni: morʒɛ]
mar (m) Báltico	Baltské moře (s)	[baltskɛ: morʒɛ]
mar (m) de Noruega	Norské moře (s)	[norskɛ: morʒɛ]

79. Las montañas

montaña (f)	hora (ž)	[hora]
cadena (f) de montañas	horské pásmo (s)	[horskɛ: pa:smo]
cresta (f) de montañas	horský hřbet (m)	[horski: hrʒbɛt]

cima (f)	vrchol (m)	[vrxol]
pico (m)	štít (m)	[ʃti:t]
pie (m)	úpatí (s)	[u:pati:]
cuesta (f)	svah (m)	[svax]

volcán (m)	sopka (ž)	[sopka]
volcán (m) activo	činná sopka (ž)	[tʃɪnna: sopka]
volcán (m) apagado	vyhaslá sopka (ž)	[vɪhasla: sopka]

erupción (f)	výbuch (m)	[vi:bux]
cráter (m)	kráter (m)	[kra:tɛr]
magma (m)	magma (ž)	[magma]
lava (f)	láva (ž)	[la:va]
fundido (lava ~a)	rozžhavený	[rozʒhavɛni:]

cañón (m)	kaňon (m)	[kanʲon]
desfiladero (m)	soutěska (ž)	[souteska]
grieta (f)	rozsedlina (ž)	[rozsɛdlɪna]

puerto (m) (paso)	průsmyk (m)	[pru:smɪk]
meseta (f)	plató (s)	[plato:]
roca (f)	skála (ž)	[ska:la]
colina (f)	kopec (m)	[kopɛts]

glaciar (m)	ledovec (m)	[lɛdovɛts]
cascada (f)	vodopád (m)	[vodopa:t]
geiser (m)	vřídlo (s)	[vrʒi:dlo]
lago (m)	jezero (s)	[jɛzɛro]

llanura (f)	rovina (ž)	[rovɪna]
paisaje (m)	krajina (ž)	[krajɪna]
eco (m)	ozvěna (ž)	[ozvena]

alpinista (m)	horolezec (m)	[horolɛzɛts]
escalador (m)	horolezec (m)	[horolɛzɛts]
conquistar (vt)	dobývat	[dobi:vat]
ascensión (f)	výstup (m)	[vi:stup]

80. Los nombres de las montañas

Alpes (m pl)	Alpy (mn)	[alpɪ]
Montblanc (m)	Mont Blanc (m)	[monblaŋ]
Pirineos (m pl)	Pyreneje (mn)	[pɪrɛnɛjɛ]

Cárpatos (m pl)	Karpaty (mn)	[karpatɪ]
Urales (m pl)	Ural (m)	[ural]
Cáucaso (m)	Kavkaz (m)	[kafkaz]
Elbrus (m)	Elbrus (m)	[ɛlbrus]

Altai (m)	Altaj (m)	[altaj]
Tian-Shan (m)	Ťan-šan (ž)	[tʲan-ʃan]
Pamir (m)	Pamír (m)	[pami:r]
Himalayos (m pl)	Himaláje (mn)	[hɪmala:jɛ]
Everest (m)	Mount Everest (m)	[mount ɛvɛrɛst]

| Andes (m pl) | Andy (mn) | [andɪ] |
| Kilimanjaro (m) | Kilimandžáro (s) | [kɪlɪmandʒa:ro] |

81. Los ríos

río (m)	řeka (ž)	[rʒɛka]
manantial (m)	pramen (m)	[pramɛn]
lecho (m) (curso de agua)	koryto (s)	[korɪto]
cuenca (f) fluvial	povodí (s)	[povodi:]
desembocar en ...	vlévat se	[vlɛ:vat sɛ]

| afluente (m) | přítok (m) | [prʃi:tok] |
| ribera (f) | břeh (m) | [brʒɛx] |

corriente (f)	proud (m)	[prout]
río abajo (adv)	po proudu	[po proudu]
río arriba (adv)	proti proudu	[protɪ proudu]

inundación (f)	**povodeň** (ž)	[povodɛnɪ]
riada (f)	**záplava** (ž)	[za:plava]
desbordarse (vr)	**rozlévat se**	[rozlɛ:vat sɛ]
inundar (vt)	**zaplavovat**	[zaplavɪvɪʔt]
rٳٳ (m) dٳٳsٳ	**mělčina** (ž)	[mneltʃɪna]
rápido (m)	**peřej** (ž)	[pɛrʒɛj]
presa (f)	**přehrada** (ž)	[prʃɛhrada]
canal (m)	**průplav** (m)	[pru:plaf]
lago (m) artificiale	**vodní nádrž** (ž)	[vodni: na:drʃ]
esclusa (f)	**zdymadlo** (s)	[zdɪmadlo]
cuerpo (m) de agua	**vodojem** (m)	[vodojɛm]
pantano (m)	**bažina** (ž)	[baʒɪna]
ciénaga (f)	**slať** (ž)	[slatɪ]
remolino (m)	**vír** (m)	[vi:r]
arroyo (m)	**potok** (m)	[potok]
potable (adj)	**pitný**	[pɪtni:]
dulce (agua ~)	**sladký**	[slatki:]
hielo (m)	**led** (m)	[lɛt]
helarse (el lago, etc.)	**zamrznout**	[zamrznout]

82. Los nombres de los ríos

Sena (m)	**Seina** (ž)	[se:na]
Loira (m)	**Loira** (ž)	[loa:ra]
Támesis (m)	**Temže** (ž)	[tɛmʒe]
Rin (m)	**Rýn** (m)	[ri:n]
Danubio (m)	**Dunaj** (m)	[dunaj]
Volga (m)	**Volha** (ž)	[volha]
Don (m)	**Don** (m)	[don]
Lena (m)	**Lena** (ž)	[lɛna]
Río (m) Amarillo	**Chuang-chež** (ž)	[xuan-xɛ]
Río (m) Azul	**Jang-c'-ťiang** (ž)	[jang-tsɛ-tɪang]
Mekong (m)	**Mekong** (m)	[mɛkong]
Ganges (m)	**Ganga** (ž)	[ganga]
Nilo (m)	**Nil** (m)	[nɪl]
Congo (m)	**Kongo** (s)	[kongo]
Okavango (m)	**Okavango** (s)	[okavango]
Zambeze (m)	**Zambezi** (ž)	[zambɛzɪ]
Limpopo (m)	**Limpopo** (s)	[lɪmpopo]
Misisipi (m)	**Mississippi** (ž)	[mɪsɪsɪpɪ]

83. El bosque

bosque (m)	les (m)	[lɛs]
de bosque (adj)	lesní	[lɛsni:]
espesura (f)	houština (ž)	[houʃtɪna]
bosquecillo (m)	háj (m)	[ha:j]
claro (m)	mýtina (ž)	[mi:tɪna]
maleza (f)	houští (s)	[houʃti:]
matorral (m)	křoví (s)	[krʃovi:]
senda (f)	stezka (ž)	[stɛska]
barranco (m)	rokle (ž)	[roklɛ]
árbol (m)	strom (m)	[strom]
hoja (f)	list (m)	[lɪst]
follaje (m)	listí (s)	[lɪsti:]
caída (f) de hojas	padání (s) listí	[pada:ni: lɪsti:]
caer (las hojas)	opadávat	[opada:vat]
cima (f)	vrchol (m)	[vrxol]
rama (f)	větev (ž)	[vetɛf]
rama (f) (gruesa)	suk (m)	[suk]
brote (m)	pupen (m)	[pupɛn]
aguja (f)	jehla (ž)	[jɛhla]
piña (f)	šiška (ž)	[ʃɪʃka]
agujero (m)	dutina (ž)	[dutɪna]
nido (m)	hnízdo (s)	[hni:zdo]
tronco (m)	kmen (m)	[kmɛn]
raíz (f)	kořen (m)	[korʒɛn]
corteza (f)	kůra (ž)	[ku:ra]
musgo (m)	mech (m)	[mɛx]
extirpar (vt)	klučit	[klutʃɪt]
talar (vt)	kácet	[ka:tsɛt]
deforestar (vt)	odlesnit	[odlesnɪt]
tocón (m)	pařez (m)	[parʒɛz]
hoguera (f)	oheň (m)	[ohɛnʲ]
incendio (m) forestal	požár (m)	[poʒa:r]
apagar (~ el incendio)	hasit	[hasɪt]
guarda (m) forestal	hajný (m)	[hajni:]
protección (f)	ochrana (ž)	[oxrana]
proteger (vt)	chránit	[xra:nɪt]
cazador (m) furtivo	pytlák (m)	[pɪtla:k]
cepo (m)	past (ž)	[past]

| recoger (setas, bayas) | sbírat | [zbi:rat] |
| perderse (vr) | zabloudit | [zabloudɪt] |

04. Los recursos naturales

recursos (m pl) naturales	přírodní zdroje (m mn)	[prʃi:rodni: zdrojɛ]
recursos (m pl) subterráneos	užitkové nerosty (m mn)	[uʒɪtkovɛ: nɛrostɪ]
depósitos (m pl)	ložisko (s)	[loʒɪsko]
yacimiento (m)	naleziště (s)	[nalezɪʃte]

extraer (vt)	dobývat	[dobi:vat]
extracción (f)	těžba (ž)	[teʒba]
mena (f)	ruda (ž)	[ruda]
mina (f)	důl (m)	[du:l]
pozo (m) de mina	šachta (ž)	[ʃaxta]
minero (m)	horník (m)	[horni:k]

gas (m)	plyn (m)	[plɪn]
gasoducto (m)	plynovod (m)	[plɪnovot]
petróleo (m)	ropa (ž)	[ropa]
oleoducto (m)	ropovod (m)	[ropovot]
pozo (m) de petróleo	ropová věž (ž)	[ropova: veʃ]
torre (f) de sondeo	vrtná věž (ž)	[vrtna: veʃ]
petrolero (m)	tanková loď (ž)	[taŋkova: lotⁱ]

arena (f)	písek (m)	[pi:sɛk]
caliza (f)	vápenec (m)	[va:pɛnɛts]
grava (f)	štěrk (m)	[ʃterk]
turba (f)	rašelina (ž)	[raʃɛlɪna]
arcilla (f)	hlína (ž)	[hli:na]
carbón (m)	uhlí (s)	[uhli:]

hierro (m)	železo (s)	[ʒelɛzo]
oro (m)	zlato (s)	[zlato]
plata (f)	stříbro (s)	[strʃi:bro]

| níquel (m) | nikl (m) | [nɪkl] |
| cobre (m) | měď (ž) | [mnetⁱ] |

| zinc (m) | zinek (m) | [zɪnɛk] |
| manganeso (m) | mangan (m) | [mangan] |

| mercurio (m) | rtuť (ž) | [rtutⁱ] |
| plomo (m) | olovo (s) | [olovo] |

mineral (m)	minerál (m)	[mɪnɛra:l]
cristal (m)	krystal (m)	[krɪstal]
mármol (m)	mramor (m)	[mramor]
uranio (m)	uran (m)	[uran]

85. El tiempo

tiempo (m)	počasí (s)	[potʃasi:]
previsión (f) del tiempo	předpověď (ž) počasí	[prʃɛtpovetʲ potʃasi:]
temperatura (f)	teplota (ž)	[tɛplota]
termómetro (m)	teploměr (m)	[tɛplomner]
barómetro (m)	barometr (m)	[baromɛtr]
humedad (f)	vlhkost (ž)	[vlxkost]
bochorno (m)	horko (s)	[horko]
tórrido (adj)	horký	[horki:]
hace mucho calor	horko	[horko]
hace calor (templado)	teplo	[tɛplo]
templado (adj)	teplý	[tɛpli:]
hace frío	je zima	[jɛ zɪma]
frío (adj)	studený	[studɛni:]
sol (m)	slunce (s)	[sluntsɛ]
brillar (vi)	svítit	[svi:tɪt]
soleado (un día ~)	slunečný	[slunɛtʃni:]
elevarse (el sol)	vzejít	[vzɛji:t]
ponerse (vr)	zapadnout	[zapadnout]
nube (f)	mrak (m)	[mrak]
nuboso (adj)	oblačný	[oblatʃni:]
nubarrón (m)	mračno (s)	[mratʃno]
nublado (adj)	pochmurný	[poxmurni:]
lluvia (f)	déšť (m)	[dɛ:ʃtʲ]
está lloviendo	prší	[prʃi:]
lluvioso (adj)	deštivý	[dɛʃtɪvi:]
lloviznar (vi)	mrholit	[mrholɪt]
aguacero (m)	liják (m)	[lɪja:k]
chaparrón (m)	liják (m)	[lɪja:k]
fuerte (la lluvia ~)	silný	[sɪlni:]
charco (m)	kaluž (ž)	[kaluʃ]
mojarse (vr)	moknout	[moknout]
niebla (f)	mlha (ž)	[mlha]
nebuloso (adj)	mlhavý	[mlhavi:]
nieve (f)	sníh (m)	[sni:x]
está nevando	sněží	[snɛʒi:]

86. Los eventos climáticos severos. Los desastres naturales

tormenta (f)	bouřka (ž)	[bourʃka]
relámpago (m)	blesk (m)	[blɛsk]

relampaguear (vi)	blýskat se	[bli:skat sɛ]
trueno (m)	hřmění (s)	[hrʒmneni:]
tronar (vi)	hřmít	[hrʒmi:t]
está tronando	hřmí	[hrʒmi:]

| granizar (vi) | kroupy (ž mn) | [kroupɪ] |
| está granizando | padají kroupy | [padaji: kroupɪ] |

| inundar (vt) | zaplavit | [zaplavɪt] |
| inundación (f) | povodeň (ž) | [povodɛnʲ] |

terremoto (m)	zemětřesení (s)	[zɛmnetrʃɛsɛni:]
sacudida (f)	otřes (m)	[otrʃɛs]
epicentro (m)	epicentrum (s)	[ɛpɪtsɛntrum]

| erupción (f) | výbuch (m) | [vi:bux] |
| lava (f) | láva (ž) | [la:va] |

torbellino (m)	smršť (ž)	[smrʃtʲ]
tornado (m)	tornádo (s)	[torna:do]
tifón (m)	tajfun (m)	[tajfun]

huracán (m)	hurikán (m)	[hurɪka:n]
tempestad (f)	bouřka (ž)	[bourʃka]
tsunami (m)	tsunami (s)	[tsunamɪ]

ciclón (m)	cyklón (m)	[tsiklo:n]
mal tiempo (m)	nečas (m)	[nɛtʃas]
incendio (m)	požár (m)	[poʒa:r]
catástrofe (f)	katastrofa (ž)	[katastrofa]
meteorito (m)	meteorit (m)	[mɛtɛorɪt]

avalancha (f)	lavina (ž)	[lavɪna]
alud (m) de nieve	lavina (ž)	[lavɪna]
ventisca (f)	metelice (ž)	[mɛtɛlɪtsɛ]
nevasca (f)	vánice (ž)	[va:nɪtsɛ]

T&P BOOKS

LA FAUNA

T&P Books Publishing

carnívoro (m)	**šelma** (ž)	[ʃɛlma]
tigre (m)	**tygr** (m)	[tɪgr]
león (m)	**lev** (m)	[lɛf]
lobo (m)	**vlk** (m)	[vlk]
zorro (m)	**liška** (ž)	[lɪʃka]
jaguar (m)	**jaguár** (m)	[jagua:r]
leopardo (m)	**levhart** (m)	[lɛvhart]
guepardo (m)	**gepard** (m)	[gɛpart]
pantera (f)	**panter** (m)	[pantɛr]
puma (f)	**puma** (ž)	[puma]
leopardo (m) de las nieves	**pardál** (m)	[parda:l]
lince (m)	**rys** (m)	[rɪs]
coyote (m)	**kojot** (m)	[kojot]
chacal (m)	**šakal** (m)	[ʃakal]
hiena (f)	**hyena** (ž)	[hɪena]

animal (m)	**zvíře** (s)	[zvi:rʒɛ]
bestia (f)	**zvíře** (s)	[zvi:rʒɛ]
ardilla (f)	**veverka** (ž)	[vɛvɛrka]
erizo (m)	**ježek** (m)	[jɛʒek]
liebre (f)	**zajíc** (m)	[zaji:ts]
conejo (m)	**králík** (m)	[kra:li:k]
tejón (m)	**jezevec** (m)	[jɛzɛvɛts]
mapache (m)	**mýval** (m)	[mi:val]
hámster (m)	**křeček** (m)	[krʃɛtʃek]
marmota (f)	**svišť** (m)	[svɪʃtʲ]
topo (m)	**krtek** (m)	[krtɛk]
ratón (m)	**myš** (ž)	[mɪʃ]
rata (f)	**krysa** (ž)	[krɪsa]
murciélago (m)	**netopýr** (m)	[nɛtopi:r]
armiño (m)	**hranostaj** (m)	[hranostaj]
cebellina (f)	**sobol** (m)	[sobol]
marta (f)	**kuna** (ž)	[kuna]

| comadreja (f) | lasice (ž) | [lasɪtsɛ] |
| visón (m) | norek (m) | [norɛk] |

| castor (m) | bobr (m) | [bobr] |
| nutria (f) | vydra (ž) | [vɪdra] |

caballo (m)	kůň (m)	[ku:nʲ]
alce (m)	los (m)	[los]
ciervo (m)	jelen (m)	[jɛlɛn]
camello (m)	velbloud (m)	[vɛlblout]

bisonte (m)	bizon (m)	[bɪzon]
uro (m)	zubr (m)	[zubr]
búfalo (m)	buvol (m)	[buvol]

cebra (f)	zebra (ž)	[zɛbra]
antílope (m)	antilopa (ž)	[antɪlopa]
corzo (m)	srnka (ž)	[srŋka]
gamo (m)	daněk (m)	[danek]
gamuza (f)	kamzík (m)	[kamzi:k]
jabalí (m)	vepř (m)	[vɛprʃ]

ballena (f)	velryba (ž)	[vɛlrɪba]
foca (f)	tuleň (m)	[tulɛnʲ]
morsa (f)	mrož (m)	[mroʃ]
oso (m) marino	lachtan (m)	[laxtan]
delfín (m)	delfín (m)	[dɛlfi:n]

oso (m)	medvěd (m)	[mɛdvet]
oso (m) blanco	bílý medvěd (m)	[bi:li: mɛdvet]
panda (f)	panda (ž)	[panda]

mono (m)	opice (ž)	[opɪtsɛ]
chimpancé (m)	šimpanz (m)	[ʃɪmpanz]
orangután (m)	orangutan (m)	[orangutan]
gorila (m)	gorila (ž)	[gorɪla]
macaco (m)	makak (m)	[makak]
gibón (m)	gibon (m)	[gɪbon]

| elefante (m) | slon (m) | [slon] |
| rinoceronte (m) | nosorožec (m) | [nosoroʒɛts] |

| jirafa (f) | žirafa (ž) | [ʒɪrafa] |
| hipopótamo (m) | hroch (m) | [hrox] |

| canguro (m) | klokan (m) | [klokan] |
| koala (f) | koala (ž) | [koala] |

mangosta (f)	promyka (ž) indická	[promɪka ɪndɪtska:]
chinchilla (f)	činčila (ž)	[tʃɪntʃɪla]
mofeta (f)	skunk (m)	[skuŋk]
espín (m)	dikobraz (m)	[dɪkobras]

89. Los animales domésticos

gata (f)	kočka (ž)	[kotʃka]
gato (m)	kocour (m)	[kɪ ɪɪɪɪ ɪɪ]
pierro (ɪɪ)	pes (m)	[pɛs]
caballo (m)	kůň (m)	[ku:nʲ]
garañón (m)	hřebec (m)	[hrʒɛbɛts]
yegua (f)	kobyla (ž)	[kobɪla]
vaca (f)	kráva (ž)	[kra:va]
toro (m)	býk (m)	[bi:k]
buey (m)	vůl (m)	[vu:l]
oveja (f)	ovce (ž)	[ovtsɛ]
carnero (m)	beran (m)	[bɛran]
cabra (f)	koza (ž)	[koza]
cabrón (m)	kozel (m)	[kozɛl]
asno (m)	osel (m)	[osɛl]
mulo (m)	mul (m)	[mul]
cerdo (m)	prase (s)	[prasɛ]
cerdito (m)	prasátko (s)	[prasa:tko]
conejo (m)	králík (m)	[kra:li:k]
gallina (f)	slepice (ž)	[slɛpɪtsɛ]
gallo (m)	kohout (m)	[kohout]
pato (m)	kachna (ž)	[kaxna]
ánade (m)	kačer (m)	[katʃɛr]
ganso (m)	husa (ž)	[husa]
pavo (m)	krocan (m)	[krotsan]
pava (f)	krůta (ž)	[kru:ta]
animales (m pl) domésticos	domácí zvířata (s mn)	[doma:tsi: zvi:rʒata]
domesticado (adj)	ochočený	[oxotʃɛni:]
domesticar (vt)	ochočovat	[oxotʃovat]
criar (vt)	chovat	[xovat]
granja (f)	farma (ž)	[farma]
aves (f pl) de corral	drůbež (ž)	[dru:bɛʃ]
ganado (m)	dobytek (m)	[dobɪtɛk]
rebaño (m)	stádo (s)	[sta:do]
caballeriza (f)	stáj (ž)	[sta:j]
porqueriza (f)	vepřín (m)	[vɛprʃi:n]
vaquería (f)	kravín (m)	[kravi:n]
conejal (m)	králíkárna (ž)	[kra:li:ka:rna]
gallinero (m)	kurník (m)	[kurni:k]

90. Los pájaros

pájaro (m)	pták (m)	[pta:k]
paloma (f)	holub (m)	[holup]
gorrión (m)	vrabec (m)	[vrabɛʦ]
carbonero (m)	sýkora (ž)	[si:kora]
urraca (f)	straka (ž)	[straka]
cuervo (m)	havran (m)	[havran]
corneja (f)	vrána (ž)	[vra:na]
chova (f)	kavka (ž)	[kafka]
grajo (m)	polní havran (m)	[polni: havran]
pato (m)	kachna (ž)	[kaxna]
ganso (m)	husa (ž)	[husa]
faisán (m)	bažant (m)	[baʒant]
águila (f)	orel (m)	[orɛl]
azor (m)	jestřáb (m)	[jɛstrʃa:p]
halcón (m)	sokol (m)	[sokol]
buitre (m)	sup (m)	[sup]
cóndor (m)	kondor (m)	[kondor]
cisne (m)	labuť (ž)	[labutʲ]
grulla (f)	jeřáb (m)	[jɛrʒa:p]
cigüeña (f)	čáp (m)	[ʧa:p]
loro (m), papagayo (m)	papoušek (m)	[papouʃɛk]
colibrí (m)	kolibřík (m)	[kolɪbrʒi:k]
pavo (m) real	páv (m)	[pa:f]
avestruz (m)	pštros (m)	[pʃtros]
garza (f)	volavka (ž)	[volafka]
flamenco (m)	plameňák (m)	[plamɛnʲa:k]
pelícano (m)	pelikán (m)	[pɛlɪka:n]
ruiseñor (m)	slavík (m)	[slavi:k]
golondrina (f)	vlaštovka (ž)	[vlaʃtofka]
tordo (m)	drozd (m)	[drozt]
zorzal (m)	zpěvný drozd (m)	[spevni: drozt]
mirlo (m)	kos (m)	[kos]
vencejo (m)	rorejs (m)	[rorɛjs]
alondra (f)	skřivan (m)	[skrʃɪvan]
codorniz (f)	křepel (m)	[krʃɛpɛl]
pájaro carpintero (m)	datel (m)	[datɛl]
cuco (m)	kukačka (ž)	[kukaʧka]
lechuza (f)	sova (ž)	[sova]
búho (m)	výr (m)	[vi:r]

urogallo (m)	tetřev (m) hlušec	[tɛtrʃɛv hluʃɛts]
gallo lira (m)	tetřev (m)	[tɛtrʃɛf]
perdiz (f)	koroptev (ž)	[koroptɛf]

estornino (m)	špaček (m)	[ʃpatʃɛk]
canario (m)	kanár (m)	[kana:r]
ortega (f)	jeřábek (m)	[jɛrʒa:bɛk]
pinzón (m)	pěnkava (ž)	[peŋkava]
camachuelo (m)	hejl (m)	[hɛjl]

gaviota (f)	racek (m)	[ratsɛk]
albatros (m)	albatros (m)	[albatros]
pingüino (m)	tučňák (m)	[tutʃnʲa:k]

91. Los peces. Los animales marinos

brema (f)	cejn (m)	[tsɛjn]
carpa (f)	kapr (m)	[kapr]
perca (f)	okoun (m)	[okoun]
siluro (m)	sumec (m)	[sumɛts]
lucio (m)	štika (ž)	[ʃtɪka]

salmón (m)	losos (m)	[losos]
esturión (m)	jeseter (m)	[jɛsɛtɛr]

arenque (m)	sleď (ž)	[slɛtʲ]
salmón (m) del Atlántico	losos (m)	[losos]
caballa (f)	makrela (ž)	[makrɛla]
lenguado (m)	platýs (m)	[plati:s]

lucioperca (f)	candát (m)	[tsanda:t]
bacalao (m)	treska (ž)	[trɛska]
atún (m)	tuňák (m)	[tunʲa:k]
trucha (f)	pstruh (m)	[pstrux]

anguila (f)	úhoř (m)	[u:horʃ]
raya (f) eléctrica	rejnok (m) elektrický	[rɛjnok ɛlɛktrɪtski:]
morena (f)	muréna (ž)	[murɛ:na]
piraña (f)	piraňa (ž)	[pɪranʲja]

tiburón (m)	žralok (m)	[ʒralok]
delfín (m)	delfín (m)	[dɛlfi:n]
ballena (f)	velryba (ž)	[vɛlrɪba]

centolla (f)	krab (m)	[krap]
medusa (f)	medúza (ž)	[mɛdu:za]
pulpo (m)	chobotnice (ž)	[xobotnɪtsɛ]

estrella (f) de mar	hvězdice (ž)	[hvezdɪtsɛ]
erizo (m) de mar	ježovka (ž)	[jɛʒofka]

caballito (m) de mar	mořský koníček (m)	[morʃski: koni:ʧɛk]
ostra (f)	ústřice (ž)	[u:strʃɪtsɛ]
camarón (m)	kreveta (ž)	[krɛvɛta]
bogavante (m)	humr (m)	[humr]
langosta (f)	langusta (ž)	[langusta]

92. Los anfibios. Los reptiles

| serpiente (f) | had (m) | [hat] |
| venenoso (adj) | jedovatý | [jɛdovati:] |

víbora (f)	zmije (ž)	[zmɪjɛ]
cobra (f)	kobra (ž)	[kobra]
pitón (m)	krajta (ž)	[krajta]
boa (f)	hroznýš (m)	[hrozni:ʃ]

culebra (f)	užovka (ž)	[uʒofka]
serpiente (m) de cascabel	chřestýš (m)	[xrʃɛsti:ʃ]
anaconda (f)	anakonda (ž)	[anakonda]

lagarto (m)	ještěrka (ž)	[jɛʃterka]
iguana (f)	leguán (m)	[lɛgua:n]
varano (m)	varan (m)	[varan]
salamandra (f)	mlok (m)	[mlok]
camaleón (m)	chameleón (m)	[xamɛlɛo:n]
escorpión (m)	štír (m)	[ʃti:r]

tortuga (f)	želva (ž)	[ʒelva]
rana (f)	žába (ž)	[ʒa:ba]
sapo (m)	ropucha (ž)	[ropuxa]
cocodrilo (m)	krokodýl (m)	[krokodi:l]

93. Los insectos

insecto (m)	hmyz (m)	[hmɪz]
mariposa (f)	motýl (m)	[moti:l]
hormiga (f)	mravenec (m)	[mravɛnɛʦ]
mosca (f)	moucha (ž)	[mouxa]
mosquito (m) (picadura de ~)	komár (m)	[koma:r]
escarabajo (m)	brouk (m)	[brouk]

avispa (f)	vosa (ž)	[vosa]
abeja (f)	včela (ž)	[vʧɛla]
abejorro (m)	čmelák (m)	[ʧmɛla:k]
moscardón (m)	střeček (m)	[strʃɛʧɛk]
araña (f)	pavouk (m)	[pavouk]
telaraña (f)	pavučina (ž)	[pavuʧɪna]

libélula (f)	**vážka** (ž)	[vaːʃka]
saltamontes (m)	**kobylka** (ž)	[kobɪlka]
mariposa (f) nocturna	**motýl** (m)	[motiːl]
cucaracha (f)	**šváb** (m)	[ʃvaːp]
garrapata (i)	**klíště** (s)	[kliːʃte]
pulga (f)	**blecha** (ž)	[blɛxa]
mosca (f) negra	**muška** (ž)	[muʃka]
langosta (f)	**saranče** (ž)	[sarantʃɛ]
caracol (m)	**hlemýžď** (m)	[hlɛmiːʒtʲ]
grillo (m)	**cvrček** (m)	[tsvrtʃɛk]
luciérnaga (f)	**svatojánská muška** (ž)	[svatojaːnska: muʃka]
mariquita (f)	**slunéčko** (s) **sedmitečné**	[slunɛːtʃko sɛdmɪtɛtʃnɛː]
sanjuanero (m)	**chroust** (m)	[xroust]
sanguijuela (f)	**piavice** (ž)	[pɪavɪtsɛ]
oruga (f)	**housenka** (ž)	[housɛnka]
lombriz (m) de tierra	**červ** (m)	[tʃɛrf]
larva (f)	**larva** (ž)	[larva]

T&P BOOKS

LA FLORA

T&P Books Publishing

árbol (m)	strom (m)	[strom]
foliáceo (adj)	listnatý	[lɪstnati:]
conífero (adj)	jehličnatý	[jɛhlɪʧnati:]
de hoja perenne	stálezelená	[sta:lɛzɛlɛna:]

manzano (m)	jabloň (ż)	[jablonʲ]
peral (m)	hruška (ż)	[hruʃka]
cerezo (m)	třešně (ż)	[trʃɛʃne]
guindo (m)	višně (ż)	[vɪʃne]
ciruelo (m)	švestka (ż)	[ʃvɛstka]

abedul (m)	bříza (ż)	[brʒi:za]
roble (m)	dub (m)	[dup]
tilo (m)	lípa (ż)	[li:pa]
pobo (m)	osika (ż)	[osɪka]
arce (m)	javor (m)	[javor]

pícea (f)	smrk (m)	[smrk]
pino (m)	borovice (ż)	[borovɪtsɛ]
alerce (m)	modřín (m)	[modrʒi:n]

| abeto (m) | jedle (ż) | [jɛdlɛ] |
| cedro (m) | cedr (m) | [ʦɛdr] |

| álamo (m) | topol (m) | [topol] |
| serbal (m) | jeřáb (m) | [jɛrʒa:p] |

| sauce (m) | jíva (ż) | [ji:va] |
| aliso (m) | olše (ż) | [olʃɛ] |

| haya (f) | buk (m) | [buk] |
| olmo (m) | jilm (m) | [jɪlm] |

| fresno (m) | jasan (m) | [jasan] |
| castaño (m) | kaštan (m) | [kaʃtan] |

magnolia (f)	magnólie (ż)	[magno:lɪe]
palmera (f)	palma (ż)	[palma]
ciprés (m)	cypřiš (m)	[ʦɪprʃɪʃ]

mangle (m)	mangróvie (ż)	[mangro:vɪe]
baobab (m)	baobab (m)	[baobap]
eucalipto (m)	eukalypt (m)	[ɛukalɪpt]
secoya (f)	sekvoje (ż)	[sɛkvojɛ]

95. Los arbustos

mata (f)	keř (m)	[kɛrʃ]
arbusto (m)	křoví (s)	[krʃoviː]
vid (f)	vinná réva (s)	[vɪnnaː reːva]
viñedo (m)	vinice (ž)	[vɪnɪtsɛ]
frambueso (m)	maliny (ž mn)	[malɪnɪ]
grosellero (m) rojo	červený rybíz (m)	[tʃɛrvɛniː rɪbiːz]
grosellero (m) espinoso	angrešt (m)	[angrɛʃt]
acacia (f)	akácie (ž)	[akaːtsɪe]
berberís (m)	dřišťál (m)	[drʒɪʃtʲaːl]
jazmín (m)	jasmín (m)	[jasmiːn]
enebro (m)	jalovec (m)	[jalovɛts]
rosal (m)	růžový keř (m)	[ruːʒoviː kɛrʃ]
escaramujo (m)	šípek (m)	[ʃiːpɛk]

96. Las frutas. Las bayas

manzana (f)	jablko (s)	[jablko]
pera (f)	hruška (ž)	[hruʃka]
ciruela (f)	švestka (ž)	[ʃvɛstka]
fresa (f)	zahradní jahody (ž mn)	[zahradniː jahodɪ]
guinda (f)	višně (ž)	[vɪʃne]
cereza (f)	třešně (ž)	[trʃɛʃne]
uva (f)	hroznové víno (s)	[hroznovɛː viːno]
frambuesa (f)	maliny (ž mn)	[malɪnɪ]
grosella (f) negra	černý rybíz (m)	[tʃɛrniː rɪbiːz]
grosella (f) roja	červený rybíz (m)	[tʃɛrvɛniː rɪbiːz]
grosella (f) espinosa	angrešt (m)	[angrɛʃt]
arándano (m) agrio	klikva (ž)	[klɪkva]
naranja (f)	pomeranč (m)	[pomɛrantʃ]
mandarina (f)	mandarinka (ž)	[mandarɪŋka]
piña (f)	ananas (m)	[ananas]
banana (f)	banán (m)	[banaːn]
dátil (m)	datle (ž)	[datlɛ]
limón (m)	citrón (m)	[tsɪtroːn]
albaricoque (m)	meruňka (ž)	[mɛruɲka]
melocotón (m)	broskev (ž)	[broskɛf]
kiwi (m)	kiwi (s)	[kɪvɪ]
toronja (f)	grapefruit (m)	[grɛjpfruːt]
baya (f)	bobule (ž)	[bobulɛ]

bayas (f pl)	bobule (ž mn)	[bobulɛ]
arándano (m) rojo	brusinky (ž mn)	[brusɪŋkɪ]
fresa (f) silvestre	jahody (ž mn)	[jahodɪ]
arándano (m)	borůvky (ž mn)	[boru:fkɪ]

97. Las flores. Las plantas

| flor (f) | květina (ž) | [kvetɪna] |
| ramo (m) de flores | kytice (ž) | [kɪtɪtsɛ] |

rosa (f)	růže (ž)	[ru:ʒe]
tulipán (m)	tulipán (m)	[tulɪpa:n]
clavel (m)	karafiát (m)	[karafɪa:t]
gladiolo (m)	mečík (m)	[mɛtʃi:k]

aciano (m)	chrpa (ž)	[xrpa]
campanilla (f)	zvoneček (m)	[zvonɛtʃɛk]
diente (m) de león	pampeliška (ž)	[pampɛlɪʃka]
manzanilla (f)	heřmánek (m)	[hɛrʒma:nɛk]

áloe (m)	aloe (s)	[aloɛ]
cacto (m)	kaktus (m)	[kaktus]
ficus (m)	fíkus (m)	[fi:kus]

azucena (f)	lilie (ž)	[lɪlɪe]
geranio (m)	geránie (ž)	[gera:nɪe]
jacinto (m)	hyacint (m)	[hɪatsɪnt]

mimosa (f)	citlivka (ž)	[tsɪtlɪfka]
narciso (m)	narcis (m)	[nartsɪs]
capuchina (f)	potočnice (ž)	[pototʃnɪtsɛ]

orquídea (f)	orchidej (ž)	[orxɪdɛj]
peonía (f)	pivoňka (ž)	[pɪvonʲka]
violeta (f)	fialka (ž)	[fɪalka]

trinitaria (f)	maceška (ž)	[matsɛʃka]
nomeolvides (f)	pomněnka (ž)	[pomneŋka]
margarita (f)	sedmikráska (ž)	[sɛdmɪkra:ska]

amapola (f)	mák (m)	[ma:k]
cáñamo (m)	konopě (ž)	[konope]
menta (f)	máta (ž)	[ma:ta]

| muguete (m) | konvalinka (ž) | [konvalɪŋka] |
| campanilla (f) de las nieves | sněženka (ž) | [sneʒeŋka] |

ortiga (f)	kopřiva (ž)	[koprʃɪva]
acedera (f)	šťovík (m)	[ʃtʲovi:k]
nenúfar (m)	leknín (m)	[lɛkni:n]

helecho (m)	**kapradí** (s)	[kapradi:]
liquen (m)	**lišejník** (m)	[lɪʃɛjni:k]
invernadero (m) tropical	**oranžérie** (ž)	[oranʒe:rɪe]
césped (m)	**trávník** (m)	[tra:vni:k]
macizo (m) de flores	**květinový záhonek** (m)	[kvetɪnovi: za:honɛk]
planta (f)	**rostlina** (ž)	[rostlɪna]
hierba (f)	**tráva** (ž)	[tra:va]
hoja (f) de hierba	**stéblo** (s) **trávy**	[stɛ:blo tra:vɪ]
hoja (f)	**list** (m)	[lɪst]
pétalo (m)	**okvětní lístek** (m)	[okvetni: li:stɛk]
tallo (m)	**stéblo** (s)	[stɛ:blo]
tubérculo (m)	**hlíza** (ž)	[hli:za]
retoño (m)	**výhonek** (m)	[vi:honɛk]
espina (f)	**osten** (m)	[ostɛn]
florecer (vi)	**kvést**	[kvɛ:st]
marchitarse (vr)	**vadnout**	[vadnout]
olor (m)	**vůně** (ž)	[vu:ne]
cortar (vt)	**uříznout**	[urʒi:znout]
coger (una flor)	**utrhnout**	[utrhnout]

98. Los cereales, los granos

grano (m)	**obilí** (s)	[obɪli:]
cereales (m pl) (plantas)	**obilniny** (ž mn)	[obɪlnɪnɪ]
espiga (f)	**klas** (m)	[klas]
trigo (m)	**pšenice** (ž)	[pʃenɪtsɛ]
centeno (m)	**žito** (s)	[ʒɪto]
avena (f)	**oves** (m)	[ovɛs]
mijo (m)	**jáhly** (ž mn)	[ja:hlɪ]
cebada (f)	**ječmen** (m)	[jɛtʃmɛn]
maíz (m)	**kukuřice** (ž)	[kukurʒɪtsɛ]
arroz (m)	**rýže** (ž)	[ri:ʒe]
alforfón (m)	**pohanka** (ž)	[pohaŋka]
guisante (m)	**hrách** (m)	[hra:x]
fréjol (m)	**fazole** (ž)	[fazolɛ]
soya (f)	**sója** (ž)	[so:ja]
lenteja (f)	**čočka** (ž)	[tʃotʃka]
habas (f pl)	**boby** (m mn)	[bobɪ]

T&P BOOKS

LOS PAÍSES

T&P Books Publishing

Afganistán (m)	**Afghánistán** (m)	[afga:nista:n]
Albania (f)	**Albánie** (ž)	[alba:nɪe]
Alemania (f)	**Německo** (s)	[nemɛtsko]
Arabia (f) Saudita	**Saúdská Arábie** (ž)	[sau:dska: ara:bɪe]
Argentina (f)	**Argentina** (ž)	[argɛntɪna]
Armenia (f)	**Arménie** (ž)	[armɛ:nɪe]
Australia (f)	**Austrálie** (ž)	[austra:lɪe]
Austria (f)	**Rakousko** (s)	[rakousko]
Azerbaiyán (m)	**Ázerbájdžán** (m)	[a:zɛrba:jdʒa:n]
Bangladesh (m)	**Bangladéš** (m)	[bangladɛ:ʃ]
Bélgica (f)	**Belgie** (ž)	[bɛlgɪe]
Bielorrusia (f)	**Bělorusko** (s)	[belorusko]
Bolivia (f)	**Bolívie** (ž)	[boli:vɪe]
Bosnia y Herzegovina	**Bosna a Hercegovina** (ž)	[bosna a hɛrtsɛgovɪna]
Brasil (m)	**Brazílie** (ž)	[brazi:lɪe]
Bulgaria (f)	**Bulharsko** (s)	[bulharsko]
Camboya (f)	**Kambodža** (ž)	[kambodʒa]
Canadá (f)	**Kanada** (ž)	[kanada]
Chequia (f)	**Česko** (s)	[tʃesko]
Chile (m)	**Chile** (s)	[tʃɪlɛ]
China (f)	**Čína** (ž)	[tʃi:na]
Chipre (m)	**Kypr** (m)	[kɪpr]
Colombia (f)	**Kolumbie** (ž)	[kolumbɪe]
Corea (f) del Norte	**Severní Korea** (ž)	[severni: korɛa]
Corea (f) del Sur	**Jižní Korea** (ž)	[jɪʒni: korɛa]
Croacia (f)	**Chorvatsko** (s)	[xorvatsko]
Cuba (f)	**Kuba** (ž)	[kuba]
Dinamarca (f)	**Dánsko** (s)	[da:nsko]
Ecuador (m)	**Ekvádor** (m)	[ɛkva:dor]
Egipto (m)	**Egypt** (m)	[ɛgɪpt]
Emiratos (m pl) Árabes Unidos	**Spojené arabské emiráty** (m mn)	[spojɛnɛ: arapskɛ: ɛmɪra:tɪ]
Escocia (f)	**Skotsko** (s)	[skotsko]
Eslovaquia (f)	**Slovensko** (s)	[slovɛnsko]
Eslovenia	**Slovinsko** (s)	[slovɪnsko]
España (f)	**Španělsko** (s)	[ʃpanelsko]
Estados Unidos de América	**Spojené státy** (m mn) **americké**	[spojɛnɛ: sta:tɪ amɛrɪtskɛ:]
Estonia (f)	**Estonsko** (s)	[ɛstonsko]
Finlandia (f)	**Finsko** (s)	[fɪnsko]
Francia (f)	**Francie** (ž)	[frantsɪe]

100. Los países. Unidad 2

Georgia (f)	Gruzie (ž)	[gruzɪe]
Ghana (f)	Ghana (ž)	[gana]
Gran Bretaña (f)	Velká Británie (ž)	[vɛlka: brɪtaːnɪe]
Grecia (f)	Řecko (s)	[rʒɛtsko]
Haití (m)	Haiti (s)	[haɪtɪ]
Hungría (f)	Maďarsko (s)	[madʲarsko]
India (f)	Indie (ž)	[ɪndɪe]
Indonesia (f)	Indonésie (ž)	[ɪndonɛːzɪe]
Inglaterra (f)	Anglie (ž)	[anglɪe]
Irak (m)	Irák (m)	[ɪraːk]
Irán (m)	Írán (m)	[iːraːn]
Irlanda (f)	Irsko (s)	[ɪrsko]
Islandia (f)	Island (m)	[ɪslant]
Islas (f pl) Bahamas	Bahamy (ž mn)	[bahamɪ]
Israel (m)	Izrael (m)	[ɪzraɛl]
Italia (f)	Itálie (ž)	[ɪtaːlɪe]
Jamaica (f)	Jamajka (ž)	[jamajka]
Japón (m)	Japonsko (s)	[japonsko]
Jordania (f)	Jordánsko (s)	[jordaːnsko]
Kazajstán (m)	Kazachstán (m)	[kazaxstaːn]
Kenia (f)	Keňa (ž)	[kɛnʲa]
Kirguizistán (m)	Kyrgyzstán (m)	[kɪrgɪstaːn]
Kuwait (m)	Kuvajt (m)	[kuvajt]
Laos (m)	Laos (m)	[laos]
Letonia (f)	Lotyšsko (s)	[lotɪʃsko]
Líbano (m)	Libanon (m)	[lɪbanon]
Libia (f)	Libye (ž)	[lɪbɪe]
Liechtenstein (m)	Lichtenštejnsko (s)	[lɪxtɛnʃtɛjnsko]
Lituania (f)	Litva (ž)	[lɪtva]
Luxemburgo (m)	Lucembursko (s)	[lutsɛmbursko]
Macedonia	Makedonie (ž)	[makɛdonɪe]
Madagascar (m)	Madagaskar (m)	[madagaskar]
Malasia (f)	Malajsie (ž)	[malajzɪe]
Malta (f)	Malta (ž)	[malta]
Marruecos (m)	Maroko (s)	[maroko]
Méjico (m)	Mexiko (s)	[mɛksɪko]
Moldavia (f)	Moldavsko (s)	[moldavsko]
Mónaco (m)	Monako (s)	[monako]
Mongolia (f)	Mongolsko (s)	[mongolsko]
Montenegro (m)	Černá Hora (ž)	[tʃɛrna: hora]
Myanmar (m)	Barma (ž)	[barma]

101. Los países. Unidad 3

Namibia (f)	Namibie (ż)	[namɪbɪe]
Nepal (m)	Nepál (m)	[nɛpɑːl]
Nigeria (f)	Norsko (s)	[norsko]
Nueva Zelanda (f)	Nový Zéland (m)	[noviː zɛːlant]

Países Bajos (m pl)	Nizozemí (s)	[nɪzozɛmiː]
Pakistán (m)	Pákistán (m)	[paːkɪstaːn]
Palestina (f)	Palestinská autonomie (ż)	[palɛstɪnskaː autonomɪe]
Panamá (f)	Panama (ż)	[panama]
Paraguay (m)	Paraguay (ż)	[paragvaj]
Perú (m)	Peru (s)	[pɛru]
Polinesia (f) Francesa	Francouzská Polynésie (ż)	[franʦouskaː polɪnɛːzɪe]
Polonia (f)	Polsko (s)	[polsko]
Portugal (m)	Portugalsko (s)	[portugalsko]

República (f) Dominicana	Dominikánská republika (ż)	[domɪnɪkaːnska: rɛpublɪka]
República (f) Sudafricana	Jihoafrická republika (ż)	[jɪhoafrɪʦka: rɛpublɪka]
Rumania (f)	Rumunsko (s)	[rumunsko]
Rusia (f)	Rusko (s)	[rusko]

Senegal (m)	Senegal (m)	[sɛnɛgal]
Serbia (f)	Srbsko (s)	[srpsko]
Siria (f)	Sýrie (ż)	[siːrɪe]
Suecia (f)	Švédsko (s)	[ʃvɛːtsko]
Suiza (f)	Švýcarsko (s)	[ʃviːʦarsko]
Surinam (m)	Surinam (m)	[surɪnam]

Tayikistán (m)	Tádžikistán (m)	[taːdʒɪkɪstaːn]
Tailandia (f)	Thajsko (s)	[tajsko]
Taiwán (m)	Tchaj-wan (m)	[tajvan]
Tanzania (f)	Tanzanie (ż)	[tanzanɪe]
Tasmania (f)	Tasmánie (ż)	[tasmaːnɪe]
Túnez (m)	Tunisko (s)	[tunɪsko]
Turkmenistán (m)	Turkmenistán (m)	[turkmɛnɪstaːn]
Turquía (f)	Turecko (s)	[turɛʦko]

Ucrania (f)	Ukrajina (ż)	[ukrajɪna]
Uruguay (m)	Uruguay (ż)	[urugvaj]
Uzbekistán (m)	Uzbekistán (m)	[uzbɛkɪstaːn]
Vaticano (m)	Vatikán (m)	[vatɪkaːn]
Venezuela (f)	Venezuela (ż)	[vɛnɛzuɛla]
Vietnam (m)	Vietnam (m)	[vjɛtnam]
Zanzíbar (m)	Zanzibar (m)	[zanzɪbar]

GLOSARIO
GASTRONÓMICO

Esta sección contiene una
gran cantidad de palabras y
términos asociados con la
comida. Este diccionario le hará
más fácil la comprensión
del menú de un restaurante y
la elección del plato adecuado

T&P Books Publishing

¡Que aproveche!	**Dobrou chuť!**	[dobrou xuťⁱ]
abrebotellas (m)	**otvírač** (m) **lahví**	[otvi:ratʃ lahvi:]
abrelatas (m)	**otvírač** (m) **konzerv**	[otvi:ratʃ konzɛrf]
aceite (m) de girasol	**slunečnicový olej** (m)	[slunɛtʃnɪtsovi: olɛj]
aceite (m) de oliva	**olivový olej** (m)	[olɪvovi: olɛj]
aceite (m) vegetal	**olej** (m)	[olɛj]
agua (f)	**voda** (ž)	[voda]
agua (f) mineral	**minerální voda** (ž)	[mɪnɛra:lni: voda]
agua (f) potable	**pitná voda** (ž)	[pɪtna: voda]
aguacate (m)	**avokádo** (s)	[avoka:do]
ahumado (adj)	**uzený**	[uzɛni:]
ajo (m)	**česnek** (m)	[tʃɛsnɛk]
albahaca (f)	**bazalka** (ž)	[bazalka]
albaricoque (m)	**meruňka** (ž)	[mɛrunⁱka]
alcachofa (f)	**artyčok** (m)	[artɪtʃok]
alforfón (m)	**pohanka** (ž)	[pohaŋka]
almendra (f)	**mandle** (ž)	[mandlɛ]
almuerzo (m)	**oběd** (m)	[obet]
amargo (adj)	**hořký**	[horʃki:]
anís (m)	**anýz** (m)	[ani:z]
anguila (f)	**úhoř** (m)	[u:horʃ]
aperitivo (m)	**aperitiv** (m)	[apɛrɪtɪf]
apetito (m)	**chuť** (ž) **k jídlu**	[xuťⁱ k ji:dlu]
apio (m)	**celer** (m)	[tsɛlɛr]
arándano (m)	**borůvky** (ž mn)	[boru:fkɪ]
arándano (m) agrio	**klikva** (ž)	[klɪkva]
arándano (m) rojo	**brusinky** (ž mn)	[brusɪŋkɪ]
arenque (m)	**sleď** (ž)	[slɛťⁱ]
arroz (m)	**rýže** (ž)	[ri:ʒe]
atún (m)	**tuňák** (m)	[tunⁱa:k]
avellana (f)	**lískový ořech** (m)	[li:skovi: orʒɛx]
avena (f)	**oves** (m)	[ovɛs]
azúcar (m)	**cukr** (m)	[tsukr]
azafrán (m)	**šafrán** (m)	[ʃafra:n]
azucarado, dulce (adj)	**sladký**	[slatki:]
bacalao (m)	**treska** (ž)	[trɛska]
banana (f)	**banán** (m)	[bana:n]
bar (m)	**bar** (m)	[bar]
barman (m)	**barman** (m)	[barman]
batido (m)	**mléčný koktail** (m)	[mlɛtʃni: koktajl]
baya (f)	**bobule** (ž)	[bobulɛ]
bayas (f pl)	**bobule** (ž mn)	[bobulɛ]
bebida (f) sin alcohol	**nealkoholický nápoj** (m)	[nɛalkoholɪtski: na:poj]
bebidas (f pl) alcohólicas	**alkoholické nápoje** (m mn)	[alkoholɪtskɛ: na:pojɛ]

beicon (m)	slanina (ž)	[slanɪna]
berenjena (f)	lilek (m)	[lɪlɛk]
bistec (m)	biftek (m)	[bɪftɛk]
bocadillo (m)	obložený chlebíček (m)	[obloʒeni: xlɛbi:ʧɛk]
boleto (m) áspero	kozák (m)	[koza:k]
boleto (m) castaño	křemenáč (m)	[krʃemɛna:ʧ]
brócoli (m)	brokolice (ž)	[brokolɪtsɛ]
brema (f)	cejn (m)	[tsɛjn]
cóctel (m)	koktail (m)	[koktajl]
caballa (f)	makrela (ž)	[makrɛla]
cacahuete (m)	burský oříšek (m)	[burski: orʒi:ʃɛk]
café (m)	káva (ž)	[ka:va]
café (m) con leche	bílá káva (ž)	[bi:la: ka:va]
café (m) solo	černá káva (ž)	[ʧɛrna: ka:va]
café (m) soluble	rozpustná káva (ž)	[rozpustna: ka:va]
calabacín (m)	cukina, cuketa (ž)	[tsukɪna], [tsuketa]
calabaza (f)	tykev (ž)	[tɪkɛf]
calamar (m)	sépie (ž)	[sɛ:pɪe]
caldo (m)	vývar (m)	[vi:var]
caliente (adj)	teplý	[tɛpli:]
caloría (f)	kalorie (ž)	[kalorɪe]
camarón (m)	kreveta (ž)	[krɛvɛta]
camarera (f)	číšnice (ž)	[ʧi:ʃnɪtsɛ]
camarero (m)	číšník (m)	[ʧi:ʃni:k]
canela (f)	skořice (ž)	[skorʒɪtsɛ]
cangrejo (m) de mar	krab (m)	[krap]
capuchino (m)	kapučíno (s)	[kaputʃi:no]
caramelo (m)	bonbón (m)	[bonbo:n]
carbohidratos (m pl)	karbohydráty (mn)	[karbohɪdrati:]
carne (f)	maso (s)	[maso]
carne (f) de carnero	skopové (s)	[skopovɛ:]
carne (f) de cerdo	vepřové (s)	[vɛprʃovɛ:]
carne (f) de ternera	telecí (s)	[tɛlɛtsi:]
carne (f) de vaca	hovězí (s)	[hovezi:]
carne (f) picada	mleté maso (s)	[mlɛtɛ: maso]
carpa (f)	kapr (m)	[kapr]
carta (f) de vinos	nápojový lístek (m)	[na:pojovi: li:stɛk]
carta (f), menú (m)	jídelní lístek (m)	[ji:dɛlni: li:stɛk]
caviar (m)	kaviár (m)	[kavɪa:r]
caza (f) menor	zvěřina (ž)	[zverʒɪna]
cebada (f)	ječmen (m)	[jɛʧmɛn]
cebolla (f)	cibule (ž)	[tsɪbulɛ]
cena (f)	večeře (ž)	[vɛʧerʒɛ]
centeno (m)	žito (s)	[ʒɪto]
cereales (m pl)	obilniny (ž mn)	[obɪlnɪnɪ]
cereales (m pl) integrales	kroupy (ž mn)	[kroupɪ]
cereza (f)	třešně (ž)	[trʃɛʃne]
cerveza (f)	pivo (s)	[pɪvo]
cerveza (f) negra	tmavé pivo (s)	[tmavɛ: pɪvo]
cerveza (f) rubia	světlé pivo (s)	[svetlɛ: pɪvo]
champaña (f)	šampaňské (s)	[ʃampanʲskɛ:]
chicle (m)	žvýkačka (ž)	[ʒvi:kaʧka]

chocolate (m)	čokoláda (ž)	[tʃokola:da]
cilantro (m)	koriandr (m)	[korɪandr]
ciruela (f)	švestka (ž)	[ʃvɛstka]
clara (f)	bílek (m)	[bi:lɛk]
clavo (m)	hřebíček (m)	[hrʒɛbi:tʃɛk]
coñac (m)	koňak (m)	[konʲak]
cocido en agua (adj)	vařený	[varʒɛni:]
cocina (f)	kuchyně (ž)	[kuxɪne]
col (f)	zelí (s)	[zɛli:]
col (f) de Bruselas	růžičková kapusta (ž)	[ru:ʒɪtʃkova: kapusta]
coliflor (f)	květák (m)	[kveta:k]
colmenilla (f)	smrž (m)	[smrʃ]
comida (f)	jídlo (s)	[ji:dlo]
comino (m)	kmín (m)	[kmi:n]
con gas	perlivý	[pɛrlɪvi:]
con hielo	s ledem	[s lɛdɛm]
condimento (m)	ochucovadlo (s)	[oxutsovadlo]
conejo (m)	králík (m)	[kra:li:k]
confitura (f)	džem (m)	[dʒem]
confitura (f)	zavařenina (ž)	[zavarʒɛnɪna]
congelado (adj)	zmražený	[zmraʒeni:]
conservas (f pl)	konzerva (ž)	[konzɛrva]
copa (f) de vino	sklenka (ž)	[sklɛnka]
copos (m pl) de maíz	kukuřičné vločky (ž mn)	[kukurʒɪtʃne: vlotʃkɪ]
crema (f) de mantequilla	krém (m)	[krɛ:m]
cuchara (f)	lžíce (ž)	[ʒi:tsɛ]
cuchara (f) de sopa	polévková lžíce (ž)	[polɛ:fkova: ʒi:tsɛ]
cucharilla (f)	kávová lžička (ž)	[ka:vova: ʒɪtʃka]
cuchillo (m)	nůž (m)	[nu:ʃ]
cuenta (f)	účet (m)	[u:tʃet]
dátil (m)	datle (ž)	[datlɛ]
de chocolate (adj)	čokoládový	[tʃokola:dovi:]
desayuno (m)	snídaně (ž)	[sni:dane]
dieta (f)	dieta (ž)	[dɪeta]
eneldo (m)	kopr (m)	[kopr]
ensalada (f)	salát (m)	[sala:t]
entremés (m)	předkrm (m)	[prʃɛtkrm]
espárrago (m)	chřest (m)	[xrʃɛst]
espagueti (m)	spagety (m mn)	[spagɛtɪ]
especia (f)	koření (s)	[korʒɛni:]
espiga (f)	klas (m)	[klas]
espinaca (f)	špenát (m)	[ʃpɛna:t]
esturión (m)	jeseter (m)	[jɛsɛtɛr]
fletán (m)	platýs (m)	[plati:s]
fréjol (m)	fazole (ž)	[fazolɛ]
frío (adj)	studený	[studɛni:]
frambuesa (f)	maliny (ž mn)	[malɪnɪ]
fresa (f)	zahradní jahody (ž mn)	[zahradni: jahodɪ]
fresa (f) silvestre	jahody (ž mn)	[jahodɪ]
frito (adj)	smažený	[smaʒeni:]
fruto (m)	ovoce (s)	[ovotsɛ]
gachas (f pl)	kaše (ž)	[kaʃɛ]

galletas (f pl)	sušenky (ž mn)	[suʃɛŋkɪ]
gallina (f)	slepice (ž)	[slɛpɪtsɛ]
ganso (m)	husa (ž)	[husa]
gaseoso (adj)	perlivý	[pɛrlɪvi:]
ginebra (f)	džin (m)	[dʒɪn]
gofre (m)	oplatky (mn)	[oplatkɪ]
granada (f)	granátové jablko (s)	[grana:tovɛ: jablko]
grano (m)	obilí (s)	[obɪli:]
grasas (f pl)	tuky (m)	[tukɪ]
grosella (f) espinosa	angrešt (m)	[angrɛʃt]
grosella (f) negra	černý rybíz (m)	[tʃɛrni: rɪbi:z]
grosella (f) roja	červený rybíz (m)	[tʃɛrvɛni: rɪbi:z]
guarnición (f)	příloha (ž)	[prʃi:loha]
guinda (f)	višně (ž)	[vɪʃne]
guisante (m)	hrách (m)	[hra:x]
hígado (m)	játra (s mn)	[ja:tra]
habas (f pl)	boby (m mn)	[bobɪ]
hamburguesa (f)	hamburger (m)	[hamburgɛr]
harina (f)	mouka (ž)	[mouka]
helado (m)	zmrzlina (ž)	[zmrzlɪna]
hielo (m)	led (m)	[lɛt]
higo (m)	fík (m)	[fi:k]
hoja (f) de laurel	bobkový list (m)	[bopkovi: lɪst]
huevo (m)	vejce (s)	[vɛjtsɛ]
huevos (m pl)	vejce (s mn)	[vɛjtsɛ]
huevos (m pl) fritos	míchaná vejce (s mn)	[mi:xana: vɛjtsɛ]
jamón (m)	šunka (ž)	[ʃuŋka]
jamón (m) fresco	kýta (ž)	[ki:ta]
jengibre (m)	zázvor (m)	[za:zvor]
jugo (m) de tomate	rajčatová šťáva (ž)	[rajtʃatova: ʃťa:va]
kiwi (m)	kiwi (s)	[kɪvɪ]
langosta (f)	langusta (ž)	[langusta]
leche (f)	mléko (s)	[mlɛ:ko]
leche (f) condensada	kondenzované mléko (s)	[kondɛnzovanɛ: mlɛ:ko]
lechuga (f)	salát (m)	[sala:t]
legumbres (f pl)	zelenina (ž)	[zɛlɛnɪna]
lengua (f)	jazyk (m)	[jazɪk]
lenguado (m)	platýs (m)	[plati:s]
lenteja (f)	čočka (ž)	[tʃotʃka]
licor (m)	likér (m)	[lɪkɛ:r]
limón (m)	citrón (m)	[tsɪtro:n]
limonada (f)	limonáda (ž)	[lɪmona:da]
loncha (f)	plátek (m)	[pla:tɛk]
lucio (m)	štika (ž)	[ʃtɪka]
lucioperca (f)	candát (m)	[tsanda:t]
maíz (m)	kukuřice (ž)	[kukurʒɪtsɛ]
maíz (m)	kukuřice (ž)	[kukurʒɪtsɛ]
macarrones (m pl)	makaróny (m mn)	[makaro:nɪ]
mandarina (f)	mandarinka (ž)	[mandarɪŋka]
mango (m)	mango (s)	[mango]
mantequilla (f)	máslo (s)	[ma:slo]
manzana (f)	jablko (s)	[jablko]

margarina (f)	margarín (m)	[margari:n]
marinado (adj)	marinovaný	[marɪnovani:]
mariscos (m pl)	mořské plody (m mn)	[morʃskɛ: plodɪ]
matamoscas (m)	muchomůrka (ž) červená	[muxomu:rka tʃɛrvɛna:]
mayonesa (f)	majonéza (ž)	[majɔnɛ:za]
melón (m)	cukrový meloun (m)	[tsukrovi: mɛloun]
melocotón (m)	broskev (ž)	[broskɛf]
mermelada (f)	marmeláda (ž)	[marmɛla:da]
miel (f)	med (m)	[mɛt]
miga (f)	drobek (m)	[drobɛk]
mijo (m)	jáhly (ž mn)	[ja:hlɪ]
mini tarta (f)	zákusek (m)	[za:kusɛk]
mondadientes (m)	párátko (s)	[pa:ra:tko]
mostaza (f)	hořčice (ž)	[horʃtʃɪtsɛ]
nabo (m)	vodní řepa (ž)	[vodni: rʒɛpa]
naranja (f)	pomeranč (m)	[pomɛrantʃ]
nata (f) agria	kyselá smetana (ž)	[kɪsɛla: smɛtana]
nata (f) líquida	sladká smetana (ž)	[slatka: smɛtana]
nuez (f)	vlašský ořech (m)	[vlaʃski: orʒɛx]
nuez (f) de coco	kokos (m)	[kokos]
olivas, aceitunas (f pl)	olivy (ž)	[olɪvɪ]
oronja (f) verde	prašivka (ž)	[praʃɪfka]
ostra (f)	ústřice (ž)	[u:strʃɪtsɛ]
pan (m)	chléb (m)	[xlɛ:p]
papaya (f)	papája (ž)	[papa:ja]
paprika (f)	paprika (ž)	[paprɪka]
pasas (f pl)	hrozinky (ž mn)	[hrozɪŋkɪ]
pasteles (m pl)	cukroví (s)	[tsukrovi:]
paté (m)	paštika (ž)	[paʃtɪka]
patata (f)	brambory (ž mn)	[bramborɪ]
pato (m)	kachna (ž)	[kaxna]
pava (f)	krůta (ž)	[kru:ta]
pedazo (m)	kousek (m)	[kousɛk]
pepino (m)	okurka (ž)	[okurka]
pera (f)	hruška (ž)	[hruʃka]
perca (f)	okoun (m)	[okoun]
perejil (m)	petržel (ž)	[pɛtrʒel]
pescado (m)	ryby (ž mn)	[rɪbɪ]
piña (f)	ananas (m)	[ananas]
piel (f)	slupka (ž)	[slupka]
pimienta (f) negra	černý pepř (m)	[tʃɛrni: pɛprʃ]
pimienta (f) roja	červená paprika (ž)	[tʃɛrvɛna: paprɪka]
pimiento (m) dulce	pepř (m)	[pɛprʃ]
pistachos (m pl)	pistácie (ž)	[pɪsta:tsɪe]
pizza (f)	pizza (ž)	[pɪtsa]
platillo (m)	talířek (m)	[tali:rʒɛk]
plato (m)	jídlo (s)	[ji:dlo]
plato (m)	talíř (m)	[tali:rʃ]
pomelo (m)	grapefruit (m)	[grɛjpfru:t]
porción (f)	porce (ž)	[portsɛ]
postre (m)	desert (m)	[dɛsɛrt]
propina (f)	spropitné (s)	[spropɪtnɛ:]

proteínas (f pl)	bílkoviny (ž)	[bi:lkovɪnɪ]
puré (m) de patatas	bramborová kaše (ž)	[bramborova: kaʃɛ]
queso (m)	sýr (m)	[si:r]
rábano (m)	ředkvička (ž)	[rʒɛtkvɪʧka]
rábano (m) picante	křen (m)	[krʃɛn]
rúsula (f)	holubinka (ž)	[holubɪŋka]
rebozuelo (m)	liška (ž)	[lɪʃka]
receta (f)	recept (m)	[rɛʦɛpt]
refresco (m)	osvěžující nápoj (m)	[osveʒuji:ʦi: na:poj]
regusto (m)	příchuť (ž)	[prʃi:xutʲ]
relleno (m)	nádivka (ž)	[na:dɪfka]
remolacha (f)	červená řepa (ž)	[ʧɛrvena: rʒɛpa]
ron (m)	rum (m)	[rum]
sésamo (m)	sezam (m)	[sɛzam]
sabor (m)	chuť (ž)	[xutʲ]
sabroso (adj)	chutný	[xutni:]
sacacorchos (m)	vývrtka (ž)	[vi:vrtka]
sal (f)	sůl (ž)	[su:l]
salado (adj)	slaný	[slani:]
salchichón (m)	salám (m)	[sala:m]
salchicha (f)	párek (m)	[pa:rɛk]
salmón (m)	losos (m)	[losos]
salmón (m) del Atlántico	losos (m)	[losos]
salsa (f)	omáčka (ž)	[oma:ʧka]
sandía (f)	vodní meloun (m)	[vodni: mɛloun]
sardina (f)	sardinka (ž)	[sardɪŋka]
seco (adj)	sušený	[suʃɛni:]
seta (f)	houba (ž)	[houba]
seta (f) comestible	jedlá houba (ž)	[jɛdla: houba]
seta (f) venenosa	jedovatá houba (ž)	[jɛdovata: houba]
seta calabaza (f)	hřib (m)	[hrʒɪp]
siluro (m)	sumec (m)	[sumɛʦ]
sin alcohol	nealkoholický	[nɛalkoholɪʦki:]
sin gas	neperlivý	[nɛpɛrlɪvi:]
sopa (f)	polévka (ž)	[polɛ:fka]
soya (f)	sója (ž)	[so:ja]
té (m)	čaj (m)	[ʧaj]
té (m) negro	černý čaj (m)	[ʧɛrni: ʧaj]
té (m) verde	zelený čaj (m)	[zɛlɛni: ʧaj]
tallarines (m pl)	nudle (ž mn)	[nudlɛ]
tarta (f)	dort (m)	[dort]
tarta (f)	koláč (m)	[kola:ʧ]
taza (f)	šálek (m)	[ʃa:lɛk]
tenedor (m)	vidlička (ž)	[vɪdlɪʧka]
tiburón (m)	žralok (m)	[ʒralok]
tomate (m)	rajské jablíčko (s)	[rajskɛ: jabli:ʧko]
tortilla (f) francesa	omeleta (ž)	[omɛlɛta]
trigo (m)	pšenice (ž)	[pʃɛnɪʦɛ]
trucha (f)	pstruh (m)	[pstrux]
uva (f)	hroznové víno (s)	[hroznovɛ: vi:no]
vaso (m)	sklenice (ž)	[sklɛnɪʦɛ]
vegetariano (adj)	vegetariánský	[vɛgɛtarɪa:nski:]

vegetariano (m)	**vegetarián** (m)	[vɛgɛtariaːn]
verduras (f pl)	**zelenina** (ž)	[zɛlɛnɪna]
vermú (m)	**vermut** (m)	[vɛrmut]
vinagre (m)	**ocet** (m)	[ɔtsɛt]
vino (m)	**víno** (ʋ)	[viːno]
vino (m) blanco	**bílé víno** (s)	[biːlɛ: viːno]
vino (m) tinto	**červené víno** (s)	[tʃɛrvɛnɛ: viːno]
vitamina (f)	**vitamín** (m)	[vɪtamiːn]
vodka (m)	**vodka** (ž)	[votka]
whisky (m)	**whisky** (ž)	[vɪskɪ]
yema (f)	**žloutek** (m)	[ʒloutɛk]
yogur (m)	**jogurt** (m)	[jogurt]
zanahoria (f)	**mrkev** (ž)	[mrkɛf]
zarzamoras (f pl)	**ostružiny** (ž mn)	[ostruʒɪnɪ]
zumo (m) de naranja	**pomerančový džus** (m)	[pomɛrantʃovi: dʒus]
zumo (m) fresco	**vymačkaná šťáva** (ž)	[vɪmatʃkana: ʃtʲaːva]
zumo (m), jugo (m)	**šťáva** (ž), **džus** (m)	[ʃtʲaːva], [dʒus]

Checo	Pronunciación	Español
účet (m)	[u:t͡ʃɛt]	cuenta (f)
úhoř (m)	[u:horʃ]	anguila (f)
ústřice (ž)	[u:str̝ɪtsɛ]	ostra (f)
číšník (m)	[t͡ʃi:ʃɲi:k]	camarero (m)
číšnice (ž)	[t͡ʃi:ʃnɪtsɛ]	camarera (f)
čaj (m)	[t͡ʃaj]	té (m)
černá káva (ž)	[t͡ʃɛrna: ka:va]	café (m) solo
černý čaj (m)	[t͡ʃɛrni: t͡ʃaj]	té (m) negro
černý pepř (m)	[t͡ʃɛrni: pɛprʃ]	pimienta (f) negra
černý rybíz (m)	[t͡ʃɛrni: rɪbi:z]	grosella (f) negra
červená řepa (ž)	[t͡ʃɛrvena: r̝ɛpa]	remolacha (f)
červená paprika (ž)	[t͡ʃɛrvɛna: paprɪka]	pimienta (f) roja
červené víno (s)	[t͡ʃɛrvɛnɛ: vi:no]	vino (m) tinto
červený rybíz (m)	[t͡ʃɛrvɛni: rɪbi:z]	grosella (f) roja
česnek (m)	[t͡ʃɛsnɛk]	ajo (m)
čočka (ž)	[t͡ʃot͡ʃka]	lenteja (f)
čokoláda (ž)	[t͡ʃokola:da]	chocolate (m)
čokoládový	[t͡ʃokola:dovi:]	de chocolate (adj)
ředkvička (ž)	[r̝ɛtkvɪt͡ʃka]	rábano (m)
šálek (m)	[ʃa:lɛk]	taza (f)
šťáva (ž), džus (m)	[ʃťa:va], [d͡ʒus]	zumo (m), jugo (m)
šafrán (m)	[ʃafra:n]	azafrán (m)
šampaňské (s)	[ʃampaɲskɛ:]	champaña (f)
špenát (m)	[ʃpɛna:t]	espinaca (f)
štika (ž)	[ʃtɪka]	lucio (m)
šunka (ž)	[ʃuŋka]	jamón (m)
švestka (ž)	[ʃvɛstka]	ciruela (f)
žito (s)	[ʒɪto]	centeno (m)
žloutek (m)	[ʒloutɛk]	yema (f)
žralok (m)	[ʒralok]	tiburón (m)
žvýkačka (ž)	[ʒvi:kat͡ʃka]	chicle (m)
alkoholické nápoje (m mn)	[alkoholɪtskɛ: na:pojɛ]	bebidas (f pl) alcohólicas
anýz (m)	[ani:z]	anís (m)
ananas (m)	[ananas]	piña (f)
angrešt (m)	[angrɛʃt]	grosella (f) espinosa
aperitiv (m)	[apɛrɪtɪf]	aperitivo (m)
artyčok (m)	[artɪt͡ʃok]	alcachofa (f)
avokádo (s)	[avoka:do]	aguacate (m)
bílá káva (ž)	[bi:la: ka:va]	café (m) con leche
bílé víno (s)	[bi:lɛ: vi:no]	vino (m) blanco
bílek (m)	[bi:lɛk]	clara (f)
bílkoviny (ž)	[bi:lkovɪnɪ]	proteínas (f pl)
banán (m)	[bana:n]	banana (f)
bar (m)	[bar]	bar (m)

barman (m)	[barman]	barman (m)
bazalka (ž)	[bazalka]	albahaca (f)
biftek (m)	[bɪftɛk]	bistec (m)
bobkový list (m)	[bopkovi: lɪst]	hoja (f) de laurel
bobule (ž mn)	[bobulɛ]	baya (f pl)
bobule (ž)	[bobulɛ]	baya (f)
boby (m mn)	[bobɪ]	habas (f pl)
bonbón (m)	[bonbo:n]	caramelo (m)
borůvky (ž mn)	[boru:fkɪ]	arándano (m)
bramborová kaše (ž)	[bramborova: kaʃɛ]	puré (m) de patatas
brambory (ž mn)	[bramborɪ]	patata (f)
brokolice (ž)	[brokolɪtsɛ]	brócoli (m)
broskev (ž)	[broskɛf]	melocotón (m)
brusinky (ž mn)	[brusɪŋkɪ]	arándano (m) rojo
burský oříšek (m)	[burski: orʒi:ʃɛk]	cacahuete (m)
candát (m)	[tsanda:t]	lucioperca (f)
cejn (m)	[tsɛjn]	brema (f)
celer (m)	[tsɛlɛr]	apio (m)
chřest (m)	[xrʃɛst]	espárrago (m)
chléb (m)	[xlɛ:p]	pan (m)
chuť (ž)	[xutʲ]	sabor (m)
chuť (ž) k jídlu	[xutʲ k ji:dlu]	apetito (m)
chutný	[xutni:]	sabroso (adj)
cibule (ž)	[tsɪbulɛ]	cebolla (f)
citrón (m)	[tsɪtro:n]	limón (m)
cukina, cuketa (ž)	[tsukɪna], [tsuketa]	calabacín (m)
cukr (m)	[tsukr]	azúcar (m)
cukroví (s)	[tsukrovi:]	pasteles (m pl)
cukrový meloun (m)	[tsukrovi: mɛloun]	melón (m)
džem (m)	[dʒem]	confitura (f)
džin (m)	[dʒɪn]	ginebra (f)
datle (ž)	[datlɛ]	dátil (m)
desert (m)	[dɛsɛrt]	postre (m)
dieta (ž)	[dɪeta]	dieta (f)
Dobrou chuť!	[dobrou xutʲ]	¡Que aproveche!
dort (m)	[dort]	tarta (f)
drobek (m)	[drobɛk]	miga (f)
fík (m)	[fi:k]	higo (m)
fazole (ž)	[fazolɛ]	fréjol (m)
granátové jablko (s)	[grana:tovɛ: jablko]	granada (f)
grapefruit (m)	[grɛjpfru:t]	pomelo (m)
hřebíček (m)	[hrʒɛbi:tʃɛk]	clavo (m)
hřib (m)	[hrʒɪp]	seta calabaza (f)
hamburger (m)	[hamburgɛr]	hamburguesa (f)
hořčice (ž)	[horʃtʃɪtsɛ]	mostaza (f)
hořký	[horʃki:]	amargo (adj)
holubinka (ž)	[holubɪŋka]	rúsula (f)
houba (ž)	[houba]	seta (f)
hovězí (s)	[hovezi:]	carne (f) de vaca
hrách (m)	[hra:x]	guisante (m)
hrozinky (ž mn)	[hrozɪŋkɪ]	pasas (f pl)
hroznové víno (s)	[hroznovɛ: vi:no]	uva (f)

hruška (ž)	[hruʃka]	pera (f)
husa (ž)	[husa]	ganso (m)
jáhly (ž mn)	[ja:hlɪ]	mijo (m)
játra (s mn)	[ja:tra]	hígado (m)
jídelní lístek (m)	[ji:dɛlni: li:stɛk]	carta (f), menú (m)
jídlo (s)	[ji:dlo]	plato (m)
jídlo (s)	[ji:dlo]	comida (f)
jablko (s)	[jablko]	manzana (f)
jahody (ž mn)	[jahodɪ]	fresa (f) silvestre
jazyk (m)	[jazɪk]	lengua (f)
ječmen (m)	[jɛtʃmɛn]	cebada (f)
jedlá houba (ž)	[jɛdla: houba]	seta (f) comestible
jedovatá houba (ž)	[jɛdovata: houba]	seta (f) venenosa
jeseter (m)	[jɛsɛtɛr]	esturión (m)
jogurt (m)	[jogurt]	yogur (m)
káva (ž)	[ka:va]	café (m)
kávová lžička (ž)	[ka:vova: ʒɪtʃka]	cucharilla (f)
kýta (ž)	[ki:ta]	jamón (m) fresco
křemenáč (m)	[krʃɛmɛna:tʃ]	boleto (m) castaño
křen (m)	[krʃɛn]	rábano (m) picante
kaše (ž)	[kaʃɛ]	gachas (f pl)
kachna (ž)	[kaxna]	pato (m)
kalorie (ž)	[kalorɪe]	caloría (f)
kapr (m)	[kapr]	carpa (f)
kapučíno (s)	[kaputʃi:no]	capuchino (m)
karbohydráty (mn)	[karbohɪdrati:]	carbohidratos (m pl)
kaviár (m)	[kavɪa:r]	caviar (m)
kiwi (s)	[kɪvɪ]	kiwi (m)
klas (m)	[klas]	espiga (f)
klikva (ž)	[klɪkva]	arándano (m) agrio
kmín (m)	[kmi:n]	comino (m)
koňak (m)	[konʲak]	coñac (m)
koření (s)	[korʒeni:]	especia (f)
kokos (m)	[kokos]	nuez (f) de coco
koktail (m)	[koktajl]	cóctel (m)
koláč (m)	[kola:tʃ]	tarta (f)
kondenzované mléko (s)	[kondɛnzovanɛ: mlɛ:ko]	leche (f) condensada
konzerva (ž)	[konzɛrva]	conservas (f pl)
kopr (m)	[kopr]	eneldo (m)
koriandr (m)	[korɪandr]	cilantro (m)
kousek (m)	[kousɛk]	pedazo (m)
kozák (m)	[koza:k]	boleto (m) áspero
králík (m)	[kra:li:k]	conejo (m)
krém (m)	[krɛ:m]	crema (f) de mantequilla
krůta (ž)	[kru:ta]	pava (f)
krab (m)	[krap]	cangrejo (m) de mar
kreveta (ž)	[krɛvɛta]	camarón (m)
kroupy (ž mn)	[kroupɪ]	cereales (m pl) integrales
kuchyně (ž)	[kuxɪne]	cocina (f)
kukuřičné vločky (ž mn)	[kukurʒɪtʃne: vlotʃkɪ]	copos (m pl) de maíz
kukuřice (ž)	[kukurʒɪtsɛ]	maíz (m)
kukuřice (ž)	[kukurʒɪtsɛ]	maíz (m)

květák (m)	[kveta:k]	coliflor (f)
kyselá smetana (ž)	[kɪsɛla: smɛtana]	nata (f) agria
lískový ořech (m)	[li:skovi: orʒɛx]	avellana (f)
lžíce (ž)	[lʒi:ʦɛ]	cuchara (f)
langusta (ž)	[langusta]	lóngaulu (ı)
led (m)	[lɛt]	hielo (m)
liška (ž)	[lɪʃka]	rebozuelo (m)
likér (m)	[lɪkɛ:r]	licor (m)
lilek (m)	[lɪlɛk]	berenjena (f)
limonáda (ž)	[lɪmona:da]	limonada (f)
losos (m)	[losos]	salmón (m)
losos (m)	[losos]	salmón (m) del Atlántico
máslo (s)	[ma:slo]	mantequilla (f)
míchaná vejce (s mn)	[mi:xana: vɛjʦɛ]	huevos (m pl) fritos
majonéza (ž)	[majonɛ:za]	mayonesa (f)
makaróny (m mn)	[makaro:nɪ]	macarrones (m pl)
makrela (ž)	[makrɛla]	caballa (f)
maliny (ž mn)	[malɪnɪ]	frambuesa (f)
mandarinka (ž)	[mandarɪŋka]	mandarina (f)
mandle (ž)	[mandlɛ]	almendra (f)
mango (s)	[mango]	mango (m)
margarín (m)	[margari:n]	margarina (f)
marinovaný	[marɪnovani:]	marinado (adj)
marmeláda (ž)	[marmɛla:da]	mermelada (f)
maso (s)	[maso]	carne (f)
med (m)	[mɛt]	miel (f)
meruňka (ž)	[mɛrunʲka]	albaricoque (m)
minerální voda (ž)	[mɪnɛra:lni: voda]	agua (f) mineral
mléčný koktail (m)	[mlɛʧni: koktajl]	batido (m)
mléko (s)	[mlɛ:ko]	leche (f)
mleté maso (s)	[mlɛtɛ: maso]	carne (f) picada
mořské plody (m mn)	[morʃkɛ: plodɪ]	mariscos (m pl)
mouka (ž)	[mouka]	harina (f)
mrkev (ž)	[mrkɛf]	zanahoria (f)
muchomůrka (ž) červená	[muxomu:rka ʧɛrvɛna:]	matamoscas (m)
nádivka (ž)	[na:dɪfka]	relleno (m)
nápojový lístek (m)	[na:pojovi: li:stɛk]	carta (f) de vinos
nůž (m)	[nu:ʃ]	cuchillo (m)
nealkoholický	[nɛalkoholɪtski:]	sin alcohol
nealkoholický nápoj (m)	[nɛalkoholɪtski: na:poj]	bebida (f) sin alcohol
neperlivý	[nɛpɛrlɪvi:]	sin gas
nudle (ž mn)	[nudlɛ]	tallarines (m pl)
oběd (m)	[obet]	almuerzo (m)
obilí (s)	[obɪli:]	grano (m)
obilniny (ž mn)	[obɪlnɪnɪ]	cereales (m pl)
obložený chlebíček (m)	[oblo3eni: xlɛbi:ʧɛk]	bocadillo (m)
ocet (m)	[otsɛt]	vinagre (m)
ochucovadlo (s)	[oxutsovadlo]	condimento (m)
okoun (m)	[okoun]	perca (f)
okurka (ž)	[okurka]	pepino (m)
olej (m)	[olɛj]	aceite (m) vegetal
olivový olej (m)	[olɪvovi: olɛj]	aceite (m) de oliva

olivy (ž)	[olɪvɪ]	olivas, aceitunas (f pl)
omáčka (ž)	[oma:ʧka]	salsa (f)
omeleta (ž)	[omɛlɛta]	tortilla (f) francesa
oplatky (mn)	[oplatkɪ]	gofre (m)
ostružiny (ž mn)	[ostruʒɪnɪ]	zarzamoras (f pl)
osvěžující nápoj (m)	[osveʒuji:tsi: na:poj]	refresco (m)
otvírač (m) konzerv	[otvi:raʧ konzɛrf]	abrelatas (m)
otvírač (m) lahví	[otvi:raʧ lahvi:]	abrebotellas (m)
oves (m)	[ovɛs]	avena (f)
ovoce (s)	[ovoʦɛ]	fruto (m)
párátko (s)	[pa:ra:tko]	mondadientes (m)
párek (m)	[pa:rɛk]	salchicha (f)
příchuť (ž)	[prʃi:xutʲ]	regusto (m)
příloha (ž)	[prʃi:loha]	guarnición (f)
předkrm (m)	[prʃɛtkrm]	entremés (m)
pšenice (ž)	[pʃenɪʦɛ]	trigo (m)
paštika (ž)	[paʃtɪka]	paté (m)
papája (ž)	[papa:ja]	papaya (f)
paprika (ž)	[paprɪka]	paprika (f)
pepř (m)	[pɛprʃ]	pimiento (m) dulce
perlivý	[pɛrlɪvi:]	gaseoso (adj)
perlivý	[pɛrlɪvi:]	con gas
petržel (ž)	[pɛtrʒel]	perejil (m)
pistácie (ž)	[pɪsta:ʦɪe]	pistachos (m pl)
pitná voda (ž)	[pɪtna: voda]	agua (f) potable
pivo (s)	[pɪvo]	cerveza (f)
pizza (ž)	[pɪʦa]	pizza (f)
plátek (m)	[pla:tɛk]	loncha (f)
platýs (m)	[plati:s]	fletán (m)
platýs (m)	[plati:s]	lenguado (m)
pohanka (ž)	[pohaŋka]	alforfón (m)
polévka (ž)	[polɛ:fka]	sopa (f)
polévková lžíce (ž)	[polɛ:fkova ʒi:ʦɛ]	cuchara (f) de sopa
pomeranč (m)	[pomɛranʧ]	naranja (f)
pomerančový džus (m)	[pomɛranʧovi: ʤus]	zumo (m) de naranja
porce (ž)	[porʦɛ]	porción (f)
prašívka (ž)	[praʃɪfka]	oronja (f) verde
pstruh (m)	[pstrux]	trucha (f)
rýže (ž)	[ri:ʒe]	arroz (m)
růžičková kapusta (ž)	[ru:ʒɪʧkova: kapusta]	col (f) de Bruselas
rajčatová šťáva (ž)	[rajʧatova: ʃtʲa:va]	jugo (m) de tomate
rajské jablíčko (s)	[rajskɛ: jabli:ʧko]	tomate (m)
recept (m)	[rɛʦɛpt]	receta (f)
rozpustná káva (ž)	[rozpustna: ka:va]	café (m) soluble
rum (m)	[rum]	ron (m)
ryby (ž mn)	[rɪbɪ]	pescado (m)
s ledem	[s lɛdɛm]	con hielo
sépie (ž)	[sɛ:pɪe]	calamar (m)
sója (ž)	[so:ja]	soya (f)
sýr (m)	[si:r]	queso (m)
sůl (ž)	[su:l]	sal (f)
salám (m)	[sala:m]	salchichón (m)

salát (m)	[sala:t]	lechuga (f)
salát (m)	[sala:t]	ensalada (f)
sardinka (ž)	[sardɪŋka]	sardina (f)
sezam (m)	[sɛzam]	sésamo (m)
sklenice (ž)	[sklɛnɪtsɛ]	vaso (m)
sklenka (ž)	[sklɛɪ̯ŋka]	copa (f) de vino
skořice (ž)	[skorʒɪtsɛ]	canela (f)
skopové (s)	[skopovɛ:]	carne (f) de carnero
sladká smetana (ž)	[slatka: smɛtana]	nata (f) líquida
sladký	[slatki:]	azucarado, dulce (adj)
slaný	[slani:]	salado (adj)
slanina (ž)	[slanɪna]	beicon (m)
sleď (ž)	[slɛtʲ]	arenque (m)
slepice (ž)	[slɛpɪtsɛ]	gallina (f)
slunečnicový olej (m)	[slunɛtʃnɪtsovi: olɛj]	aceite (m) de girasol
slupka (ž)	[slupka]	piel (f)
smažený	[smaʒeni:]	frito (adj)
smrž (m)	[smrʃ]	colmenilla (f)
snídaně (ž)	[sni:dane]	desayuno (m)
spagety (m mn)	[spagɛtɪ]	espagueti (m)
spropitné (s)	[spropɪtnɛ:]	propina (f)
studený	[studɛni:]	frío (adj)
sušený	[suʃɛni:]	seco (adj)
sušenky (ž mn)	[suʃɛŋkɪ]	galletas (f pl)
sumec (m)	[sumɛts]	siluro (m)
světlé pivo (s)	[svetlɛ: pɪvo]	cerveza (f) rubia
třešně (ž)	[trʃɛʃne]	cereza (f)
talíř (m)	[tali:rʃ]	plato (m)
talířek (m)	[tali:rʒɛk]	platillo (m)
telecí (s)	[tɛlɛtsi:]	carne (f) de ternera
teplý	[tɛpli:]	caliente (adj)
tmavé pivo (s)	[tmavɛ: pɪvo]	cerveza (f) negra
treska (ž)	[trɛska]	bacalao (m)
tuňák (m)	[tunʲa:k]	atún (m)
tuky (m)	[tukɪ]	grasas (f pl)
tykev (ž)	[tɪkɛf]	calabaza (f)
uzený	[uzeni:]	ahumado (adj)
víno (s)	[vi:no]	vino (m)
vývar (m)	[vi:var]	caldo (m)
vývrtka (ž)	[vi:vrtka]	sacacorchos (m)
vařený	[varʒeni:]	cocido en agua (adj)
večeře (ž)	[vɛtʃɛrʒɛ]	cena (f)
vegetarián (m)	[vɛgɛtarɪa:n]	vegetariano (m)
vegetariánský	[vɛgɛtarɪa:nski:]	vegetariano (adj)
vejce (s mn)	[vɛjtsɛ]	huevos (m pl)
vejce (s)	[vɛjtsɛ]	huevo (m)
vepřové (s)	[vɛprʃovɛ:]	carne (f) de cerdo
vermut (m)	[vɛrmut]	vermú (m)
višně (ž)	[vɪʃne]	guinda (f)
vidlička (ž)	[vɪdlɪtʃka]	tenedor (m)
vitamín (m)	[vɪtami:n]	vitamina (f)
vlašský ořech (m)	[vlaʃski: orʒɛx]	nuez (f)

voda (ž)	[voda]	agua (f)
vodka (ž)	[votka]	vodka (m)
vodní řepa (ž)	[vodni: rʒɛpa]	nabo (m)
vodní meloun (m)	[vodni: mɛloun]	sandía (f)
vymačkaná šťáva (ž)	[vɪmatʃkana: ʃtʲa:va]	zumo (m) fresco
whisky (ž)	[vɪskɪ]	whisky (m)
zákusek (m)	[za:kusɛk]	mini tarta (f)
zázvor (m)	[za:zvor]	jengibre (m)
zahradní jahody (ž mn)	[zahradni: jahodɪ]	fresa (f)
zavařenina (ž)	[zavarʒɛnɪna]	confitura (f)
zelí (s)	[zɛli:]	col (f)
zelený čaj (m)	[zɛlɛni: tʃaj]	té (m) verde
zelenina (ž)	[zɛlɛnɪna]	legumbres (f pl)
zelenina (ž)	[zɛlɛnɪna]	verduras (f pl)
zmražený	[zmraʒeni:]	congelado (adj)
zmrzlina (ž)	[zmrzlɪna]	helado (m)
zvěřina (ž)	[zverʒɪna]	caza (f) menor

www.ingramcontent.com/pod-product-compliance
Lightning Source LLC
La Vergne TN
LVHW051302080426
835509LV00020B/3103